Reflexiones
que sanan el alma

Reflexiones que sanan el alma

Volumen I

Nelsi Mariet Rossi

TALENTO
PUBLICACIONES
2025

Título: *Reflexiones que sanan el alma - Volumen I*
Autor: Nelsi Mariet Rossi

I.S.B.N.: 978-84-129867-2-3

Edita: TALENTO Publicaciones (Samuel Juliá Cristóbal)
E-mail: info@talentopublicaciones.com
Web: www.talentopublicaciones.com

Edición POD

Contenido

"He aquí que yo les traeré sanidad y medicina; y los curaré, y les revelaré abundancia de paz y de verdad" (Jeremías 33:6).

Dedico este libro al Espíritu Santo mi Supremo ayudador; quien me enseña, redarguye, corrige, instruye y perfecciona.

Prólogo

En el año 1990 recibí a Jesucristo como mi Señor y Salvador, justo en el mismo pueblo donde mi madre me dio a luz: Hatonuevo, en el departamento de La Guajira-Colombia. Era la primera vez que asistía a una iglesia cristiana. Y no lo hice sola. ¡Claro que no! Llegué tomada de la mano de David y Enrique, mis dos hijos de cuatro y dos años respectivamente.

En aquella "Iglesia en Casa" donde llegamos, conocimos a Margarita Marulanda, una mujer que se dispuso de inmediato a instruirnos en la palabra de Dios y a orar por nosotros. Su trabajo conmigo no sería sencillo, pues mi alma albergaba un sinnúmero de enfermedades: falta de perdón, amargura, rechazo, envidia, odio, resentimiento, celos, ira, depresión y mucho más.

Estaba perdiendo la razón y tenía un gran vacío que nadie podía llenar. Sin embargo, aunque no le encontraba sentido a la vida, llegué a aquel lugar con la urgencia de resolver mi problema matrimonial, mas no el estado de mi alma, tal como le podría estar sucediendo a algunas personas que, enfocadas "en las ramas", no perciben la raíz de su mal. Pero la misericordia eterna de Dios, que me alcanzó ese día, también alcanzará a todos aquellos que se acerquen al trono de su gracia.

Habían trascurrido cuatro años desde que entregué mi corazón al Señor Jesús, cuando descubrí que la falta de perdón, el odio y el resentimiento habían desaparecido.

El perdón fue mi primer paso en ese proceso de sanidad, del cual he sido participe y del cual he salido victoriosa, en la medida que me he sometido y obedecido a la Palabra de Dios.

En mis tiempos devocionales, orando y meditando en las Sagradas Escrituras, Dios ha hablado a mi corazón. En cada texto bíblico he encontrado mensajes profundos de sabiduría que sanan el alma, razón por la cual este libro es una herramienta de apoyo saludable para todo aquel que lo lea.

Este libro en prosa y en versos está escrito,
Con la Palabra del Señor como fundamento.
Porque fue dicho por nuestro Señor Jesucristo,
Que sería para el hombre su principal alimento.

Dios me sanó y quitó ese velo de oscuridad,
por la Palabra viva que ha salido de su boca.
Ahora, al ver la perfecta ley, la de la libertad,
persevero en ella para no vivir más en derrota.

Esto sucede desde cuando hice lo que debía hacer,
entregar el corazón que es de donde fluye la vida.
Eso permitió que mi problema se pudiera resolver,
que mi alma fuera salva y se sanaran mis heridas.

Hoy, libre del pecado y habiendo sido sanada,
muy agradecida por lo que ha hecho mi Jesús.
Doy de gracia lo que no me ha costado nada,
el precio fue pagado con su sangre en la cruz.

Para Dios todo es posible dice su Palabra bendita,
no hay hombre alguno con el poder para liberarte.
Solo Cristo salva, transforma, restaura y santifica,
Cristo es la fuente de vida que la sed puede saciarte.

Jesús vino a la tierra para los cautivos libertar,

a ordenar que se les dé gozo y manto de alegría.

fue ungido y enviado para buenas nuevas predicar,

el corazón de los quebrantados Jesús vino a vendar,

Muchas gracias, Señor, por haber sanado el alma mía.

Con amor de Dios,
Nelsi Mariet Rossi.
Fort Walton Beach, Florida USA

Nota al lector

Estimado lector, este libro de **carácter interactivo** fomenta la aplicación contextual del aprendizaje y la personalización de la enseñanza bíblica de manera virtual. Para cumplir con este propósito, hemos incluido al final de cada capítulo **DOS** preguntas de reflexión y un **QR** que le conducirá a ver un video u otro material de apoyo con más matices del tema.

De esta manera podrá interactuar conmigo enviándome sus preguntas, inquietudes, comentarios y aportes. A su vez le permitirá establecer comunicación con otros lectores estudiosos de las Sagradas Escrituras.

En los siguientes códigos **QR** encontrarás nuestras redes sociales y podremos **interactuar**:

Capítulo 1
Saltemos de alegría

"Su enojo dura sólo un momento, pero su bondad dura toda la vida. Tal vez lloremos durante la noche, pero en la mañana saltaremos de alegría" (Salmos 30:5).

Capítulo 1
Saltemos de alegría

"Su enojo dura sólo un momento, pero su bondad dura toda la vida. Tal vez lloremos durante la noche, pero en la mañana saltaremos de alegría" (Salmos 30:5)

¿Cuántas veces nos enojamos durante el día? ¿Cuántas veces nos habremos enojado por cosas insignificantes e incluso por razones equivocadas?

¿Sabías que Dios también se enoja? ¡Claro que se enoja! Pero, a diferencia de nosotros, la ira de Dios es momentánea, por su eterno amor le da corta duración.

Es, pues, entonces, el amor de Dios la más grande virtud que forma el carácter y ayuda a dominar el temperamento de los seres humanos hechos a su imagen y semejanza.

Por causa del pecado, algunas veces nos hemos sentido amenazados por la ira de Dios, olvidando el poder de su gracia. Dios es justo y santo, pero también es Dios de amor.

Hoy no es día de acusaciones. No permitamos que, por causa de nuestra desobediencia, el enemigo nos arrincone y nos haga infructuosos. Reconozcamos nuestra culpa, aceptemos el perdón de Dios; dejemos que su amor nos arrope y arrojémonos en sus brazos. Sequemos nuestras lágrimas y permanezcamos a su lado.

El llanto evidencia que en el corazón hay dolor,

pero déjame decirte que también es temporal.

Porque Cristo nos dejó su Espíritu para consolar,

permitamos que Él actúe y quite todo sinsabor.

Mientras tú duermes Dios se encarga de sanarte,
sana las heridas que te hacen llorar intensamente.
Pero no es necesario que esto lo sepa toda la gente,
solo Dios es suficiente y aquí está para consolarte.

Cristo vino a traer consolación a todos los enlutados,
un manto de alegría él nos coloca como vestidura.
quita el dolor que por tiempo nos haya agobiado,
Cristo nos permite disfrutar su alegría que perdura.
No hagas memorias de lágrimas de dolor,
acepta el bálsamo del Gran Consolador.
La alegría ha llegado, es un nuevo amanecer,
Cristo nos ha libertado de las tristezas del ayer.

El llanto es opacado cuando asoma la alegría,
siempre hay tiempo para celebrar el nuevo día.
Que el llanto en gozo se tenga que convertir,
y la tristeza en canto que nos haga sonreír.

Con expectativa que algo bueno ha de suceder,
cuando despertemos será un nuevo amanecer.
Invitemos al Señor a ser parte de este día,
celebremos lo que hoy hará con su favor.
¡Gracias, Padre, por sustentarnos con tu amor!
¡Te alabo porque has dado paz al alma mía!

REFEXIONA

¿En qué aspectos de tu carácter necesitas experimentar con mayor intensidad el amor de Dios? ¿Por qué?

_____

_____

_____

_____

_____

_____

_____

_____

_____

¿Cómo percibes el amor, la gracia, la justicia y la santidad de Dios actuando en tu vida?

_____

_____

_____

_____

_____

_____

_____

INTERACTUEMOS

CAPÍTULO 1

21

Capítulo II
Los que temprano me buscan

"Yo amo a los que me aman, y me hallan los que temprano me buscan" (Proverbios 8:17).

Capítulo II
Los que temprano me buscan

"Yo amo a los que me aman, y me hallan los que temprano me buscan" (Proverbios 8:17)

Al escribir este mensaje y teniendo como enfoque la manifestación del amor de Dios, me vienen a la memoria las palabras dichas por el Señor Jesús a sus discípulos en cierta ocasión:

"Todo lo que el Padre me da, vendrá a mí; y al que a mí viene, no le echo fuera". (Juan 6:37).

¿Qué te dice a ti particularmente esta expresión, estimado amigo? ¿Qué atributos de Dios se resaltan?

Yo podría exponer mi propio pensamiento y la impresión de mi corazón. Pero sería más sabio permitir que Dios te ayude a descubrir, desde la perspectiva de su Santa Palabra, el mensaje que Él ha querido transmitir.

Mis reflexiones tienen como propósito no solo dar a conocer la excelencia del poder de la Palabra de Dios actuando en mí, de manera personal, sino que tú también medites y conozcas de cerca el amor del Señor Jesucristo.

Cada día que vivimos en esta tierra tenemos múltiples oportunidades de conocer más a Dios. Ese es precisamente su deseo: que le busquemos y que le conozcamos. Que busquemos su rostro y no sus manos.

¿Cuántas veces hemos dejado de buscar el rostro de Dios para buscar sus manos? ¿Sabes a qué me refiero?

Si contamos el número de nuestras infidelidades, nos consideraríamos no aptos ni merecedores del amor de Dios, ¡y seguro que no lo somos! Sin embargo, Dios sigue ahí esperando por nosotros. Aunque lo ignoremos, Dios permanece fiel a su amor inalterable; porque es el Dios de infinita bondad y misericordia.

Hoy quiero darte una voz de esperanza si te has apartado de Dios. Hoy es el día para que decidas volver a Él. Puedes estar seguro de que lo vas a encontrar esperando por ti con los brazos abiertos.

Dios quiere que lo busquemos tempranamente y no posterguemos la oportunidad de ser bendecidos, pues, ciertamente, lo que su corazón anhela es revelarse a nosotros.

Dios no está oculto, mas para los que no le buscan sí lo está.

Dios dice: *"Me hallan los que temprano me buscan"*, indicando esto que nosotros nos hemos alejado de él. Por causa del pecado hemos perdido la comunión con el Creador. Estábamos separados y sin acceso, y además, ciegos sin poderle hallar. Pero siempre habrá oportunidad de encontrarlo si le buscamos con prontitud.

No dejemos pasar esta oportunidad de encontrarnos con Dios. ¡Ven! Él ha preparado una cita para ti.

No dejes apagar la llama del amor de Dios en ti,
para que puedas llenarte de su dulce presencia.
Una vez hallado no vas a querer sin él vivir,
para conocerlo en plenitud y en toda esencia.

Yo experimenté tristeza con mis ojos cegados,
hubo profundo dolor por causa de la separación.
No ha habido mayor gozo que retornar a su lado,
ahora quiero oír solamente la voz de mi amado,
y no separarme por ningún tipo de distracción.
Porque el eterno amor de Dios ha sido derramado,
ha sido derramado por su Espíritu en mi corazón.
De tal manera que mi ser interior ha trasformado,
al quitar la amargura que me ocasionaba dolor.

REFEXIONA

¿Qué circunstancias te llevan a buscar el rostro de Dios y no sus manos?

_____
_____
_____
_____
_____

¿Cuáles son esos momentos en que has sentido de Dios una mayor necesidad?

_____
_____
_____
_____
_____

INTERACTUEMOS

CAPÍTULO 2

Capítulo III
Usa mi boca

"Ahora pues, ve, y yo estaré con tu boca, y te ensenaré lo que hayas de hablar" (Éxodo 4:12).

Capítulo III
Usa mi boca

"Ahora pues, ve, y yo estaré con tu boca, y te ensenaré lo que hayas de hablar" (Éxodo 4:12).

Hemos leído acerca de la vida de hombres que necesitaron oír estas palabras justo para poderse mover a cumplir una misión que, dicho sea de paso, ya les había sido declarada de antemano. Pero, por poca disciplina, temor, razonamiento o cual haya sido la razón, se habían quedado quietos en un lugar diferente.

En algunas ocasiones, nos ha sucedido a nosotros igual que a esos hombres mencionados en la Biblia, quienes tuvieron que oír de Dios las mismas palabras: "Ve, porque yo estaré con tu boca".

¡Qué gran diferencia hay cuando se va a cierto lugar a cumplir una misión solos, con las propias fuerzas, que cuando se hace con las fuerzas de Dios, con la Palabra que Dios nos da!

Al leer atentamente el versículo del encabezamiento, nos damos cuenta de que hay ocasiones cuando Dios no da la palabra en el AHORA, sino en el DESPUÉS.

Notemos cuando el Señor da la orden de IR, Él también se compromete a dar la palabra. Es por eso que dice: *"Te enseñaré"*. Indicando esto que necesitamos tener un espíritu enseñable para poder obedecer a Dios. La regla es: obedecer y después Dios nos enseñará.

¿No le ha sucedido a usted que, antes de obedecer, primero ha insistido en que Dios le explique el por qué tiene que hacer esto o aquello? ¿Usted insiste en conocer los detalles del plan?

Pues, mi estimado lector, a muchas personas nos ha sucedido lo mismo. Sin embargo, ¿cuál ha sido el resultado? ¡Que hasta que no nos rendimos, no hemos podido cumplir la voluntad de Dios! Hemos perdido tiempo en esa lucha de exigir, conocer, preguntar, razonar… Pero, finalmente, después de batallar, ¡debemos ceder cansados! ¡Es por eso que se nos hace pesado y difícil cumplir la tarea!

Dios trabaja con personas enseñables, con personas que reconocen su ignorancia e incapacidad. Dios trabaja con aquellas personas que dicen: "Yo no sé nada, pero tú lo sabes todo. Aquí estoy, Señor, usa mi boca porque tú me la diste y tuya es".

¿Por qué preocuparnos entonces por lo que hemos de decir?

¡Nosotros mismos no sabemos lo que hemos de decir! Mas tenemos la garantía de que, si vamos y hablamos, Dios no nos dejará avergonzados.

El enemigo intentará sembrar temor para que a Dios se le desobedezca y no se le dé la Gloria. Pero seamos obedientes agradando a quien nos ha llamado para cumplir su propósito; porque si Dios nos envía, él nos equipa, nos dará los recursos para cumplir la misión y estará con nosotros.

Señor, quiero ser siempre enseñada por ti.
Para hablar al mundo tu Palabra de Vida.
Que no haya excusa alguna para no cumplir,
sino vaya y hable de ti a las almas perdidas.

Cuando en sí mismos queremos confiar,
no nos atrevemos con libertad a hablar.
Pero si voluntariamente nos disponemos,
la Palabra de Dios estará en nuestra boca.
Pues no somos nosotros quienes lo hacemos,
sino Dios mismo quien magistralmente la coloca.

Rindo mi vida a ti Señor,
para hablar según tu voluntad.
Que no haya dudas ni temor,
de que tú me vas a respaldar.

Te pido perdón por no haber hablado,
impidiendo que otros sean transformados.
Gracias por darme la oportunidad,
de hablar al mundo de tu Verdad.

REFEXIONA

¿Qué te ha encargado Dios hacer que lo hayas postergado?

_____

_____

_____

_____

_____

_____

_____

¿Qué obstáculos o impedimentos tienes para cumplir el propósito de Dios?

_____

_____

_____

_____

_____

_____

_____

INTERACTUEMOS

CAPÍTULO 3

Capítulo IV
Te haré reposar

"¡Yo mismo cuidaré a mis ovejas! Las haré reposar. El Señor DIOS lo ha dicho así" (Ezequiel 34:15)

Capítulo IV
Te haré reposar

"¡Yo mismo cuidaré a mis ovejas! Las haré reposar. El Señor DIOS lo ha dicho así" (Ezequiel 34:15).

¿Qué imagen mental tienes de un lugar de paz? ¿Lo más común que logras ver es un campo poblado con árboles frutales, hermosas cascadas de agua cristalina, una vegetación verde donde podemos recostarnos a descansar? ¿Ves compañerismo, provisión, seguridad…?

Indiscutiblemente, si hablásemos de un lugar geográfico, esa sería la descripción ideal para un lugar de paz. Sin embargo, por cuanto el Señor ha usado una analogía para hacernos comprender la importancia de su provisión, yo quisiera que considerásemos lo siguiente.

Al inicio del capítulo 34 del libro del profeta Ezequiel, el Señor hace una amonestación a los pastores de Israel encargados de alimentar a sus ovejas. Les amonesta fuertemente porque descuidaron el rebaño que les había sido encomendado y solamente se estaban alimentando a sí mismos.

Hoy sigue esta palabra hablando a nuestros corazones. Sigue tan vigente como en el tiempo que la profetizó el profeta Ezequiel, pues, Dios, con voz fuerte, nos alerta sobre la gran necesidad de alimentar a un pueblo hambriento y estimular el apetito de quienes lo han perdido.

Pero, ¿qué sucede si aquellos que hemos sido encargados de llevar el alimento no lo hacemos? *Bueno, ¡Dios mismo lo hará sin nuestra intervención!* Porque su provisión no podrá ser obstaculizada por causa de nuestra negligencia.

Dios mismo tomará cuidado de sus ovejas. Les dará un lugar para que se recuesten en paz. Buscará a las perdidas y las traerá sanas y salvas de regreso a casa. Vendará las heridas y fortalecerá a las débiles.

Si tú eres oveja de Dios y estás hambriento, o si has perdido el apetito por la Palabra, hay una Buena Noticia para ti: **¡Dios mismo te dará de comer!**

Esta es la excelencia del cuidado pastoral de nuestro Padre Celestial: después que nos alimenta (apacienta) nos lleva a reposar. Lo cual indica que, para nosotros, no habrá reposo si antes no hemos recibido de Dios el alimento.

Dios es quien nos alimenta y nos lleva a reposar. Él está con sus ovejas en las dos experiencias: cuando las alimenta y cuando obtienen el reposo.

¿Podrá un alma hambrienta encontrar reposo? ¿Podrá tener paz?

Aliméntame, Señor, vengo a ti con urgencia,

quiero recibir el sustento que tú me ofreces.

Necesito vital nutrición hoy y todas las veces,

para poder disfrutar el reposo de tu presencia.

Por cuanto hoy poseo tan grande galardón,

me deleito con los cuidados de mi Salvador.

Gracias por alimentarme con tu tierno amor,

estar en tu reposo es mi suprema bendición.

Mi alma te anhela, te anhela en cada respirar,

crece mi gratitud meditando en tus cuidados.

Quiero ser apacentada por tus tiernas manos,

mientras tanto me conduces a donde reposar.

REFEXIONA

¿En qué lugar has encontrado reposo durante tus épocas de aridez espiritual?

_____
_____
_____
_____
_____
_____
_____

¿Cómo Dios ha llenado el vacío de tu alma?

_____
_____
_____
_____
_____
_____
_____
_____
_____

INTERACTUEMOS

CAPÍTULO 4

Capítulo V
¡Verás la gloria de Dios!

"Jesús le dijo: ¿No te he dicho que, si crees, verás la gloria
de Dios?" (Juan 11:40).

Capítulo V
¡Verás la gloria de Dios!

"Jesús le dijo: ¿No te he dicho que, si crees, verás la gloria de Dios?" (Juan 11:40).

La visión natural revela lo que es tangible, lo que es palpable a los sentidos físicos. Por tal razón, el hombre dice: **"Si veo, creo"**. Pero opuestamente a nuestra percepción natural, Jesús dice: **"Si crees, verás..."**.

Para creer en lo natural solo se necesita tener visión física. Quien solo se conforma con este nivel de fe siempre vivirá dependiendo de las señales y de los acontecimientos. Pero déjame decirte que esta visión es limitada, porque es relativa a lo circunstancial. Pero la FE es sobrenatural, es absoluta. Es esa fe que no se basa en lo visible sino en lo invisible. Es decir, en lo que Dios dice.

*Todo lo visible es temporal, pero lo invisible es eterno.

*La incredulidad ciega los ojos espirituales y no permite ver lo invisible, mas por la fe podemos ver y obtener lo que esperamos

*No podré ver en el mundo invisible aquello que no he creído, mas creyéndolo podré obtenerlo.

Observemos el proceso:

CREER-VER-OBTENER

Si deseamos recibir ricas y abundantes bendiciones, el primer paso es **CREER**. En el momento que decidimos creer, son abiertos nuestros ojos espirituales para recibir lo que Dios nos ha preparado.

Que sean hoy abiertos nuestros ojos para ver,
lo que Dios de antemano nos ha preparado.
Seamos sensibles en nuestro corazón para creer,
que Dios es fiel y no nos dejará avergonzados.

Muchas veces Jesucristo me ha dicho, en verdad,
que, si de corazón creo, veré su gloria manifiesta,
y como en todas sus promesas podemos confiar,
yo he decidido creer y obtendré mi recompensa.

Tú, mi amigo, ¿ya decidiste creer en el Salvador?
¿Has determinado caminar mirando al Invisible?
Porque si quieres obtener respuesta a tu clamor,
debes ejercitarte hasta que tu fe sea inamovible.

Con los ojos abiertos hoy es tiempo de avanzar,
enfocados en el galardón que Dios ha prometido.
Creamos a la palabra, no hay tiempo para dudar,
afirmados en el Señor nuestra vida tiene sentido.

REFEXIONA

¿Cómo derribarías los muros que te impiden ver el cumplimiento de las promesas de Dios?

_____
_____
_____
_____
_____
_____
_____
_____
_____

¿Cómo entiendes el creer por fe y no por vista?

_____
_____
_____
_____
_____
_____
_____
_____
_____

INTERACTUEMOS

CAPÍTULO 5

Capítulo VI
Dulces y galletas

"Y vendrán con gritos de gozo a lo alto de Sion, y correrán al bien del Jehová: al pan, al vino, al aceite, y al ganado de las ovejas y de las vacas; y su alma será como huerto de riego, y nunca más tendrán dolor" (Jeremías 31:12).

Capítulo VI
Dulces y galletas

"Y vendrán con gritos de gozo a lo alto de Sion, y correrán al bien del Jehová: al pan, al vino, al aceite, y al ganado de las ovejas y de las vacas; y su alma será como huerto de riego, y nunca más tendrán dolor" (Jeremías 31:12).

Cuando era pequeña y mis padres regresaban de viaje, grande era mi alegría por verlos llegar con las manos llenas. Ellos siempre regresaban con dulces o galletas. Para mí, eran los mejores regalos según mi edad. Y realmente lo era para cualquier niño en esa época. Hoy seguramente no sería igual. Según el avance de la tecnología, los hijos pequeños de sus padres esperarían por lo menos una tablet. ¡Aunque éste no es el punto de mi mensaje! Lo que quiero enfatizar es la alegría que experimentamos al ver llegar a nuestro papá trayendo algo que nos gusta. Es aquí donde quiero detenerme. ¿Por qué? Porque al igual que sucede con nuestro padre terrenal, sucede con nuestro Padre Celestial, pero con dos grandes diferencias:

Primera diferencia: el gozo que experimentamos en la presencia de Dios no es precisamente por el bien material. No buscamos a Dios mirando sus manos sino su corazón. A veces pienso que mi padre terrenal sabía esto. Él sabía que, aunque había gran alegría por recibir su presente, con su detalle él me estaba diciendo: *"Estuve pensando en ti, te quiero mucho y por eso te traje dulces y galletas".*

Segunda diferencia: los hijos de Dios no esperan verle llegar con los regalos, sino que acuden a Él para recibir "los dulces y las galletas". Con la salvedad de que de Dios no recibimos solamente aquello que nos gusta, sino lo que realmente necesitamos.

El pasaje de hoy nos sugiere presentarnos ante Dios con tal alegría que alcemos la voz y le alabemos. Que cuando nos acerquemos sea para buscar su bien y no pensando que vamos a recibir reproche o castigo. Porque de Dios solamente recibimos el bien y no el mal, tal como lo dice este pasaje:

"Sé muy bien lo que tengo planeado para ustedes, dice el SEÑOR, son planes para su bienestar, no para su mal. Son planes de darles un futuro y una esperanza" (Jeremías 29:11).

Esta promesa nos hace estar en paz, mayormente si la complementamos con este otro versículo, que dice:

"Me mostrarás la senda de la vida; En tu presencia hay plenitud de gozo; Delicias a tu diestra para siempre" (Salmos, 16:11).

Concluyamos haciendo mención de algunas bondades que recibimos al estar en la presencia del señor: *Es saciada nuestra alma sedienta. Nos mantenemos vigorosos y fuertes. Produciremos los frutos en el tiempo correcto. No podremos marchitarnos. Creceremos y seremos útiles a otros. El dolor huye y toma lugar el gozo eterno del Señor.*

Sea saciada mi alma en tu dulce presencia,

amado Salvador, Tú eres mi mejor compañía.

Porque necesito tu pan y tu vino con urgencia,

mi corazón clama estar cerca de ti todo el día.

Quiero que de noche seas tú mi meditación,

Y que de día influyas en mis pensamientos.

Que pueda yo gritar en las alturas de Sion,

bajo tu unción, ¡oh, Dios!, en todo momento.

REFEXIONA

¿De qué manera Dios ha saciado tu alma?

_____
_____
_____
_____
_____
_____
_____
_____

¿Qué rasgos del carácter de tu padre biológico se asemejan al de tu Padre Celestial?

_____
_____
_____
_____
_____
_____
_____
_____
_____

INTERACTUEMOS

CAPÍTULO 6

Capítulo VII
Mi casa de barro

"No es así mi casa para con Dios; sin embargo, él ha hecho conmigo pacto perpetuo, ordenado en todas las cosas, y será guardado, aunque todavía no haga él florecer toda mi salvación y mi deseo" (2 Samuel 23:5).

Capítulo VII
Mi casa de barro

"No es así mi casa para con Dios; sin embargo, él ha hecho conmigo pacto perpetuo, ordenado en todas las cosas, y será guardado, aunque todavía no haga él florecer toda mi salvación y mi deseo" (2 Samuel 23:5).

Cuando vemos una vivienda de barro o de bahareque, la primera impresión que se transmite es de pobreza, ruina y baja calidad de vida. ¿Cierto?

En cierta manera, hay razones para pensar así, porque en las casas de barro no tienen los recursos económicos suficientes. Pero, paradójicamente, Dios hace grandes cosas en y a través de las personas que allí viven, para que comprobemos que *"lo débil del mundo escogió Dios para avergonzar a lo fuerte. Y lo vil del mundo y lo menospreciado escogió Dios, y lo que no es, para deshacer lo que es"* (1 Corintios 1:25-29).

Yo recuerdo haber vivido cuando era niña en una casa de barro en nuestra finca. No teníamos dinero en abundancia, pero todos en la familia disfrutábamos de los productos que cultivaba mi padre.

Jamás pensé que, mientras comía sandía con mis hermanas hasta saciarme; que mientras saboreaba los diferentes tipos de bananos; los quesos elaborados de manera artesanal; los preparativos de mi madre…, en el cielo ya había sido declarada una sentencia de bendición espiritual, tal como le fuera hecha a los patriarcas del Antiguo Testamento.

Por ejemplo, al patriarca Job, mientras él se debatía entre la vida y la muerte por la intervención perversa del maligno, Dios estaba escribiendo su historia llamándole justo, recto, temeroso de Dios y apartado del mal.

Y Jehová dijo a Satanás:

"¿No has considerado a mi siervo Job, que no hay otro como él en la tierra, varón perfecto y recto, temeroso de Dios y apartado del mal?" (Job 1:8).

Mencionemos también a Jacob, quien durmió con una piedra de cabecera mientras huía de su hermano Esaú. Pero para él había un registro con su nuevo nombre: Israel. (*cf.* Génesis 35:10).

A Gedeón, quien estaba sacudiendo el trigo en el lagar, para esconderlo de los madianitas, Dios le llama varón esforzado y valiente (*cf.* Jueces 6:12).

En este sentido, y en virtud de lo que ya ha sido declarado en el cielo, podríamos narrar muchas historias que han sido registradas en la Biblia, o podríamos contar nuestra propia historia.

¿Qué historia tienes tú para contar? ¿Podrás decir algo del antes y el después? ¿Podrás atribuir a Dios tus logros, y asumir tus actos fallidos con responsabilidad?

¿Quisieras unirte conmigo en este día para dar a Dios la gloria por sus hechos poderosos? ¿Por tanta misericordia que ha tenido para con cada uno de nosotros, al permitirnos avanzar en la vida y adquirir un cúmulo de experiencias que hoy bendicen a otros?

Cuando viví en mi casa de barro, yo no conocía ninguna promesa de Dios. No sabía que mientras jugaba con mis pies polvorientos bajo la luz de la luna, y con las muñecas de trapo que hacía mi madre, en el cielo el Todopoderoso había decretado a mi favor. Por medio de la sangre de nuestro Señor Jesucristo, Dios había hecho un pacto que pude conocer en el año 1990. ¡Gracias, Señor, porque ese pacto aseguró mi éxito y el de mis generaciones!

Hoy sigo viendo la casa de barro como el tesoro donde fueron enviados los pensamientos de Dios para mi bien. Este lugar, que para algunos podría simbolizar pobreza, sigue siendo para mí una gran riqueza. Pues, paralelamente, las Sagradas Escrituras revelan que de barro somos todos nosotros, refiriéndose a la habitación donde tú y yo vivimos, es decir, nuestro cuerpo.

"Pero tenemos este tesoro en vasos de barro, para que la extraordinaria grandeza del poder sea de Dios y no de nosotros" (2 Corintios 4:7).

Así que, estimado lector, espero este mensaje te inspire a identificar la fuente de tu éxito.

Quiero ser receptora fiel de quien me ha hablado,

para que oyendo su dulce voz le pueda obedecer.

Dios ha prometido éxito y su Palabra no ha cambiado,

y aunque no comprenda muchas cosas le voy a creer.

El Señor me estará conduciendo al señalado destino.

Porque justos y verdaderos son todos sus caminos.

Los detalles son del cuidado del Señor,

tanto para iniciar como para concluir.

Estaré tranquila dándole gloria y honor,

expectante porque todo se va a cumplir.

Cumple, por favor, tu propósito en mí, Señor,

ayúdame a mantenerme siempre a ti unida.

Déjame verte actuar en este pacto de amor,

Perfectamente ordenado para toda la vida.

REFEXIONA

¿Cuándo descubriste que Dios hizo un pacto eterno para bendecirte a ti y a tu familia?

_____
_____
_____
_____
_____
_____
_____

¿Cómo el pacto de Dios garantiza que tendrás éxito en todo lo que emprendas? Leer Josué 1:8

_____
_____
_____
_____
_____
_____
_____
_____

INTERACTUEMOS

Capítulo VIII
Permanecer en el amor de Dios

"Si guardareis mis mandamientos, permaneceréis en mi amor; así como yo he guardado los mandamientos de mi Padre, y permanezco en su amor" (Juan 15:10).

Capítulo VIII
Permanecer en el amor de Dios

"Si guardareis mis mandamientos, permaneceréis en mi amor; así como yo he guardado los mandamientos de mi Padre, y permanezco en su amor" (Juan 15:10).

He entendido que el significado más aproximado de "guardar los mandamientos" es obedecer la Palabra de Dios, es decir, ponerla por obra. Esto indica que no es válido declarar amor por el Señor sin tomar acciones que demuestren nuestra total obediencia. Esta obediencia traerá como resultado nuestra permanencia en su amor.

Si por obedecer la palabra de Dios somos llenos de su amor, permaneciendo en Él también seremos capacitados para soportar, para creer, para perdonar…

*Yo no puedo recibir ni dar del amor de Dios sin obedecer su Palabra.

* La obediencia a Dios me capacita para amar.

Si obedecemos a Dios y su Palabra está en nosotros, seremos testimonio fiel de su amor. Cuanto más le obedezcamos, más de su amor recibiremos y más cerca estaremos de su corazón.

Así lo confirman las siguientes palabras dichas por el Señor Jesucristo:

> "El que me ama, mi Palabra guardará; y mi Padre le amará, y vendremos a él, y haremos morada con él" (Juan 14:23).

Que mi nuevo corazón esté presto a obedecerte, Señor,
que sea consciente de tu presencia y viva ante ti rendida.
que no haya una sola razón que me aparte de tu favor.
Ensancha tu amor en mí. ¡Por favor, llena toda mi vida!

¿Cómo podría ser capaz de aislarme de tu lado,
habiendo conocido al dador del verdadero gozo,
si lo más sublime es el amor que tú me has dado?
¡Por favor, quédate conmigo, anhelo tu reposo!

No te afanes, alma mía, pues Dios está presente,
Él no te ha abandonado y nunca jamás te dejará.
Lo ha prometido en su Palabra ciento de veces,
es la mejor garantía para nuestra tranquilidad.

Es por eso que anhelo fervientemente tu Palabra,
para saciarme, amado mío, del bien de tu corazón.
Sin ti no hay contentamiento, sin ti no existe nada,
Fuera de ti es como vivir sin alma y fuera de razón.

Gracias, Jesús, por morir en mi lugar en esa cruz,
dándonos el máximo ejemplo de leal obediencia.
El amor fue tu motor y es nuestra mayor virtud,
honro tu majestad y exalto tu sublime presencia.

REFEXIONA

¿De qué manera ha permanecido el amor de Dios en ti como consecuencia de haber obedecido su Palabra?

_____

_____

_____

_____

_____

_____

_____

¿Qué ejemplo ves en el Señor Jesucristo con relación a la obediencia?

_____

_____

_____

_____

_____

_____

_____

INTERACTUEMOS

CAPÍTULO 8

Capítulo IX
Pueblo mío

"Y sabréis que yo soy el Señor, cuando abra vuestros sepulcros y os haga subir de vuestros sepulcros, pueblo mío" (Ezequiel 37:13, LBLA).

Capítulo IX
Pueblo mío

"Y sabréis que yo soy el Señor, cuando abra vuestros sepulcros y os haga subir de vuestros sepulcros, pueblo mío" (Ezequiel 37:13, LBLA).

—Me gustaría vivir en una ciudad y no en un pueblo, para que no me llamen pueblerina. ¡Además, los habitantes de la ciudad prosperan más rápido y tienen mejores oportunidades!

—Bueno, a mí me gustan los pueblos porque son más seguros y no hay tanta congestión vehicular….

Esta fue la conversación que en alguna ocasión escuché acerca de las dos posturas diferentes respecto a los pueblos y a las ciudades.

Independientemente del lado en el que usted esté, mi estimado amigo, permítame decirle que el Señor Dios Todopoderoso llama a sus escogidos **"pueblo suyo"**. ¿No le parece interesante?

¡Pero claro, hoy no nos ocuparemos de los pueblos, hablando de manera literal! Es decir, de casas construidas con bases de piedras y arena. ¡Tampoco hablaremos de las casas arruinadas por los malos tiempos!

Hoy hablaremos de un pueblo que ha salido de la esclavitud del pecado. Y, precisamente, el texto del encabezamiento nos señala dos promesas relevantes que el Señor le entrega a ese pueblo.

¿Cuáles son esas promesas?

1. Conoceremos a Dios cuando hayamos salido del sepulcro.

2. Dios mismo nos saca del sepulcro.

El momento de saber quién es Dios, es cuando salimos del sepulcro o, mejor dicho, ¡cuando Dios nos saca!

El sepulcro significa muerte. Es por tal razón que todos aquellos que están muertos en sus delitos y pecados no pueden conocer a Dios, sino hasta que salen y reciben la vida eterna por medio del Señor Jesucristo.

El Señor Jesucristo tiene todo poder para quitar la muerte y sacar a la luz la vida y la inmortalidad por el poder de su Palabra. Él me ha sacado del sepulcro de muerte y me ha trasla-dado a la vida. Pero primero abrió el sepulcro para que en mi salida yo no sufriera daño.

Dios en su infinita misericordia nos saca del sepulcro de muerte. Éste es el Dios que nos da la libertad. *Ahora la muerte no tiene más potestad sobre nosotros.*

Oro al Señor que sean abiertos todos nuestros sepulcros para vivir una vida plena de libertad gloriosa en Cristo. Que hagamos conciencia de los tipos de sepulcros que pudieran estar todavía aprisionando nuestra alma y los pongamos a los pies del Salvador.

Oro a Dios que todos los sepulcros se abran,

que sea quitada la tristeza y toda opresión.

Que su pueblo descubra que cuando clama,

la piedra del sepulcro tiene que ser quitada,

se abren nuestros ojos y conocemos al Señor.

Que sea quitada de nuestra alma toda atadura,

Oro al Padre Celestial en el nombre de Jesús.

Para que le glorifiquemos mientras el día dura,

Ahora que tenemos tiempo de andar en su luz.

Dios lo ha prometido y es poderoso para hacerlo,

nos llama real sacerdocio y su pueblo adquirido.

Él completará su obra de amor en sus escogidos,
para que fuera del sepulcro podamos conocerlo.

Si todavía tienes ataduras por el pecado,
hoy es día de romper con toda opresión.
Por favor, no te resignes a vivir esclavizado,
Jesucristo te ha llamado para darte liberación.

REFEXIONA

¿Qué tipos de "sepulcros" (tristeza, depresión, opresión, ansiedad, miedo…) has experimentado?

_____
_____
_____
_____
_____
_____
_____

¿Qué métodos humanos utilizaste para salir de la esclavitud del pecado?

_____
_____
_____
_____
_____
_____
_____

INTERACTUEMOS

CAPÍTULO 9

Capítulo X
Estemos quietos

"En esta ocasión, ustedes no tendrán que luchar. Deténganse, estense quietos y vean la victoria que el SEÑOR logrará para ustedes. ¡Oh Judá y Jerusalén, no teman ni desmayen! ¡Salgan mañana a su encuentro, y el SEÑOR estará con ustedes!" (2 Crónicas 20:17, RVA-2015).

Capítulo X
Estemos quietos

"En esta ocasión, ustedes no tendrán que luchar. Deténganse, estense quietos y vean la victoria que el SEÑOR logrará para ustedes. ¡Oh Judá y Jerusalén, no teman ni desmayen! ¡Salgan mañana a su encuentro, y el SEÑOR estará con ustedes!" (2 Crónicas 20:17, RVA-2015)

¿Quién no ha visto siquiera una vez en su vida las películas de guerra? ¿Quién no se ha atemorizado viendo el horror de las matanzas y las peleas entre hombres furiosos?

Les voy a contar una historia. En cierta ocasión, un grupo de hombres amonitas, moabitas y del monte de Seír le declararon la guerra al rey Josafat, el rey de Judá. Luego alguien le informó al rey que una gran multitud venía a atacarle. El rey Josafat se atemorizó mucho, por lo que decidió consultar al Señor y proclamó un ayuno en todo Judá.

Los habitantes de todas las ciudades vinieron y se unieron para pedir ayuda al Señor. En el atrio del templo del Señor, el rey Josafat se puso en pie delante de toda la asamblea e hizo una oración diciendo:

"Señor, Dios de nuestros antepasados, ¿No eres tú el Señor del cielo, y el que gobierna a todas las naciones? ¡Es tal tu fuerza y tu poder que no hay quien pueda resistirte!".

El rey Josafat continuó diciéndole a Dios cómo Él había expulsado a los enemigos y les había dado esa tierra a los descendientes de Abraham, y que éstos a su vez habían construido un santuario en su honor para que al orar desde allí fueran escuchados y recibieran su ayuda.

Sigue diciendo el rey Josafat:

"Señor, cuando tú sacaste a tu pueblo de la esclavitud de Egipto, no les permitiste que invadieran la tierra de los amonitas, de los moabitas y de los del monte de Seír para que no fueran destruidos. ¡Y mira cómo nos pagan ahora, viniendo a arrojarnos de la tierra que tú nos has dado como herencia! Dios nuestro, ¿acaso no vas a dictar sentencia contra ellos? Nosotros no podemos oponernos a esa gran multitud que viene a atacarnos. ¡No sabemos qué hacer! ¡En ti hemos puesto nuestra esperanza!".

Mientras el rey Josafat oraba a Dios, todos los hombres estaban en pie delante del Señor, junto con sus mujeres y sus hijos, aún los más pequeños. Entonces el Espíritu de Dios vino sobre el profeta Jahaziel y dijo:

"Escuchen, habitantes de Judá y de Jerusalén, y escuche también su majestad. Así dice el Señor: "No tengan miedo ni se acobarden cuando vean ese gran ejército, porque la batalla no es de ustedes, sino mía. Mañana, cuando ellos suban por la cuesta de Sis, ustedes saldrán contra ellos y los encontrarán junto al arroyo, frente al desierto de Jeruel. Pero ustedes no tendrán que intervenir en esta batalla, Simplemente, quédense quietos en sus puestos, para que vean la salvación que el Señor les dará. ¡Habitantes de Judá y de Jerusalén, no tengan miedo ni se acobarden! Salgan mañana contra ellos, porque yo, el Señor, estaré con ustedes".

Quizás usted ve alguna contradicción y piensa: "¿cómo dice Dios esténse quietos, cuando al mismo tiempo les pide que salgan mañana contra ellos?". Te invito a leer el siguiente capítulo, una publicación donde hablamos de lo que ellos hicieron, los habitantes de Judá y de Jerusalén, y del porqué no tuvieron que pelear.

En el mensaje de hoy se nos enseña que el rey Josafat y el pueblo oraron a Dios, por lo cual Dios los oyó y les habló dándoles una promesa de liberación.

Esa misma voz sigue alertando al pueblo de Dios para poder vivir en seguridad. Esa voz ya no siempre será dada por un profeta que se levante en medio de la congregación y diga: ¡Así dice el Señor! Esto no indica que Dios se haya limitado,

¡Claro que no! Dios sigue hablando a través de su Palabra profética más segura: las Sagradas Escrituras. Pero también a través de profetas, de apóstoles, de maestros, de evangelistas, de pastores, y por quien Dios decida hacerlo. El punto clave es que, si oramos, Dios nos hablará, nosotros oiremos su voz, y seremos librados de los enemigos. Entonces el Señor dirá: *"ustedes no tendrán que luchar. Deténganse, estense quietos y vean la victoria que el SEÑOR logrará para ustedes"*. ¡Por favor, subraye este punto clave!

Con esta verdad revelada me puedo mover,

En cualquier ambiente adverso y no temer.

Pues tengo la garantía que Dios está conmigo,

Es quien me defiende de la furia del enemigo.

Estemos siempre quietos y en pie de defensa,

Esperando ver la salvación de parte del Señor.

Las victorias no dependen de nuestra fuerza,

Sino de Dios quien nos hace más que vencedor.

Salgamos con valor muy de mañana sin desmayar,

Nuestra victoria está asegurada no hay que dudar.

REFLEXIONA

¿Qué situaciones te han atemorizado, pero al acudir a Dios en oración has obtenido la victoria?

_____
_____
_____
_____
_____
_____
_____
_____

¿Cómo te anima saber que Dios está contigo en los momentos difíciles?

_____
_____
_____
_____
_____
_____
_____
_____

INTERACTUEMOS

CAPÍTULO 10

Capítulo XI
El poder de la alabanza

"Y cuando comenzaron a entonar cánticos y alabanzas,
el Señor puso emboscadas contra los hijos de Amón, de
Moab y del monte Seír, que habían venido contra Judá, y
fueron derrotados" (2 Crónicas 20:22, LBLA)

Capítulo XI
El poder de la alabanza

"Y cuando comenzaron a entonar cánticos y alabanzas, el Señor puso emboscadas contra los hijos de Amón, de Moab y del monte Seír, que habían venido contra Judá, y fueron derrotados" (2 Crónicas 20:22, LBLA)

Hoy vamos a hablar del porqué el rey Josafat y todo Judá no tuvieron que pelear contra sus enemigos los amonitas, lo moabitas y los del monte de Seír.

Pues bien, lo primero, lo evidente y lo más importante que debemos considerar es la promesa de Dios:

"Ustedes no tendrán que intervenir en esta batalla. Simplemente, quédense quietos en sus puestos, para que vean la salvación que el Señor les dará. ¡Habitantes de Judá y de Jerusalén, no tengan miedo ni se acobarden! Salgan mañana contra ellos, porque yo, el Señor, estaré con ustedes". (2 Crónicas 20:17, NVI).

Haciendo un paréntesis, quiero que notemos un detalle el cual no puede pasar desapercibido, y es que generalmente las promesas del Señor van acompañadas de una orden o de un condicionamiento para que tengan cumplimiento.

¡No hay ninguna contradicción! Cuando Dios da la orden de salir contra el enemigo, y al mismo tiempo promete que no hay que pelear, miren lo que sucede.

En el mismo instante que el rey Josafat y todos los habitantes de Judá y de Jerusalén recibieron la promesa, se postraron con el rostro en tierra y adoraron al Señor. Así mismo los levitas se pusieron en pie y le alabaron en alta voz.

Al día siguiente, madrugaron y fueron al desierto de Tecoa. Mientras avanzaban, Josafat se detuvo y dijo: "Oídme habitantes de Judá y de Jerusalén. Confíen en el Señor nuestro Dios, y estaréis seguros; creed a sus profetas y seréis prosperados"

Después, el rey Josafat designó a los que irían al frente del ejército para cantar al Señor y alabar el esplendor de su santidad con el cántico: "Glorificad al Señor, porque su misericordia es para siempre".

Tan pronto como empezaron a entonar el cántico de alabanza, el Señor puso emboscadas contra los amonitas, los moabitas y los del monte de Seír que habían venido contra Judá, y los derrotó. De hecho, los amonitas y los moabitas atacaron a los del monte de Seír y los destruyeron. Luego de exterminar a los habitantes de Seír, ellos mismos se atacaron y se mataron unos contra otros.

Cuando los hombres de Judá llegaron para ver el gran ejército enemigo, no vieron sino los cadáveres tendidos en tierra. ¡Ninguno había escapado con vida! Entonces el rey y su gente se apoderaron del botín. Encontraron muchas riquezas, vestidos y joyas preciosas. Cada uno se apoderó de todo lo que quiso, hasta más no poder. Era tanto el botín que tardaron tres días en recogerlo. El cuarto día se congregaron en el valle de Beraca, que significa "Lugar de bendición" y alabaron al Señor.

Más tarde, todos los de Judá y Jerusalén, con Josafat a la cabeza, regresaron a Jerusalén llenos de gozo porque el Señor los había librado de sus enemigos. Al llegar entraron al templo del Señor al son de arpas, liras y trompetas.

Al oír las naciones de la tierra cómo el Señor había peleado contra los enemigos de Israel, el temor de Dios se apoderó de ellas. Por lo tanto, el reinado de Josafat disfrutó de tranquilidad, y Dios le dio paz por todas partes.

Esta historia termina como todas deberían terminar,
cuando un líder se postra ante Dios para orar y alabar.
¿No sería igual contigo si te arrodillas ante tu Creador?
¿Piensas que no pasa nada cuando hablas con el Señor?

Hoy tenemos la evidencia de hombres que se han rendido,
de quienes humillados han exaltado al Señor con su voz.
A aquel que es digno de alabar por los siglos de los siglos,
al que vive para siempre, al Cordero, al Todopoderoso Dios.

Exaltemos al Señor con nuestra voz, con júbilo cantemos,
usemos esta arma de guerra que de Dios nos fue concedida.
Ésta es una investidura poderosa que con honor poseemos,
por eso cuando alabamos las tinieblas huyen despavoridas.

REFLEXIONA

¿De qué situaciones Dios te ha librado que quisieras alabarlo con cánticos de gratitud?

_____

_____

_____

_____

_____

_____

_____

¿Por qué crees que la alabanza a Dios tiene poder contra nuestros enemigos?

_____

_____

_____

_____

_____

_____

_____

INTERACTUEMOS

CAPÍTULO 11

Capítulo XII
Espera en el Señor

"Espera en el SEÑOR. Esfuérzate, y aliéntese tu corazón.
¡Sí, espera en el SEÑOR!" (Salmos 27:14, RVA-2015)

CAPÍTULO XII
Espera en el Señor

"Espera en el SEÑOR. Esfuérzate, y aliéntese tu corazón. ¡Sí, espera en el SEÑOR!" (Salmos 27:14, RVA-2015)

¿Has tenido dificultad con la palabra "esperar"? *¡Yo también!* Ha sido un proceso aprender a esperar, y lo cierto es que en casi toda nuestra vida lo hacemos.

Si en este momento tú te encuentras esperando algo, te aplica la siguiente pregunta: ¿De qué manera lo estás haciendo?

¿A quién le gusta esperar? Podríamos decir que ¡a nadie! Pero la noticia, mi estimado lector, es que no se trata de si me gusta o no me gusta. ¡Es necesario! Por supuesto que a nuestro yo no le gusta esperar. Sin embargo, Dios dice que debemos hacerlo porque...

"Todo tiene su tiempo, y todo lo que se quiere debajo del cielo tiene su hora" (Eclesiastés 3:1).

Esto confirma que todo está determinado para que suceda en un tiempo específico.

"También Dios todo lo hizo hermoso en su tiempo; y ha puesto eternidad en el corazón de los hombres, sin que ellos alcancen a entender la obra que ha hecho Dios desde el principio hasta el fin" (Eclesiastés 3:11).

Permítame subrayar la expresión *"hermoso en su tiempo"* para atribuirle a Dios la perfección en todo lo que hace, y resaltar que lo más conveniente para nosotros está enmarcado dentro del plan divino. Lo cual indica que, si obtenemos algo fuera del tiempo de Dios, lo más probable es que no produzca satisfacción permanente al alma. Pues también la Palabra afirma:

"Lo que al principio se adquiere fácilmente, al final no es motivo de alegría" (Proverbios 20: 21, DHH).

Y por último quisiera citar un pasaje bíblico bastante conocido y usado por muchos, el cual nos recuerda que la bendición del Señor es la que enriquece y no añade tristeza con ella.

En la versión Dios Habla Hoy leemos así:

"La bendición del Señor es riqueza que no trae dolores consigo" (Proverbios 10:22).

Después de meditar en los anteriores textos, podríamos considerar que esperar es algo complejo cuando:

-No conocemos el tiempo de Dios.
-No tenemos la fe suficiente para creer que Dios proveerá aquello que estamos pidiendo o necesitando.
-Olvidamos el consejo y lo que Dios nos ha prometido.
-Por causa de nuestro nivel de madurez espiritual, deseamos obtener las cosas ¡ya!

Éstas son algunas de las batallas que libramos al esperar. Usted podría seguir enumerando muchas más, porque… ¡seguro que las hay!

"Esperar en el Señor" tiene una connotación de mandato y lleva implícito una promesa. Cuando esperamos con tal convicción estemos seguros de que Dios se hará presente.

Que en tu Palabra yo espere ¡oh mi Señor!
Que no se canse mi ánimo ni mi confianza.
Que me mantenga firme sin desmayar,
con una firme determinación sin vacilar.

Haya dentro de mí un sensible corazón,
mientras espero en ti conforta mi alma.

Libre soy de hacer lo que deseo, es verdad,
pero yo he propuesto vivir para agradarte.
No quisiera ser llamada hacedora de maldad,
por actuar deliberadamente y sin escucharte.

De lo que tú me pides ya tengo conocimiento,
no tengo excusas ni justificación en tu presencia.
Nunca jamás podría decirte ¡oh, Señor, lo siento!
¿Acaso no me conoces y me has dado conciencia?

Justo lo que yo pretendo mi amado Salvador,
es esforzarme cada día para hacer tu voluntad.
Darte siempre a ti la honra la gloria y el honor,
y vivir todos mis años andando en tu verdad.

REFLEXIONA

¿Qué es lo más complejo para ti cuando se trata de esperar en Dios?

¿Cómo se alienta tu corazón al seguir confiando en la respuesta divina?

INTERACTUEMOS

Capítulo XIII
Libres dentro de la prisión

"Ellos dijeron: Cree en el Señor Jesucristo, y serás salvo, tú y tu casa" (Hechos 16:31).

Capítulo XIII
Libres dentro de la prisión

"Ellos dijeron: Cree en el Señor Jesucristo, y serás salvo, tú y tu casa" (Hechos 16:31).

¿Has citado este versículo bíblico de manera repetitiva, pero no has visto resultados? ¿Has oído a algunos creyentes citar el mismo texto, pero ellos mismos son desobedientes a la Palabra de Dios?

Partamos del hecho de que toda persona cree en algo o en alguien. Ya sea para la consecución de bienes materiales, para pedir un consejo, para tomar decisiones… Sin embargo, la palabra que hoy hemos leído dice claramente en quién y para qué debemos creer.

Esto nos lleva a pensar que, cuando se nos presenta una invitación, y juntamente con la invitación se nos presentan los beneficios, parece ser que despierta un mayor interés en aceptar dicha invitación.

Hoy en día vivimos en un mundo competitivo y saturado de ofertas comerciales, que utiliza todo tipo de trucos y estrategias para atraer a la clientela con un principal atractivo: el beneficio económico. Igual nos sucede con las ofertas dentro del reino de Dios. Bueno, ¡no quisiera generalizar! Pero sabemos que algunos presentan el Evangelio como una oferta comercial diciendo que si aceptas al Señor Jesucristo vas a salir de deudas y serás próspero económicamente. Con esto no quiero decir que el Señor no prospera. ¡Claro que prospera! Pero consideremos ese tema como secundario y apuntemos al blanco, que es la salvación de nuestras almas.

Hoy quiero que veamos una historia donde el apóstol Pablo y Silas, hombres creyentes ejemplares, nos muestran una manera efectiva de presentar la salvación como la mejor oferta de todos los tiempos.

El apóstol Pablo y Silas fueron encarcelados por haber expulsado de una muchacha esclava un espíritu de adivinación, con lo cual sus amos ganaban gran cantidad de dinero. Cuando los amos de la joven se dieron cuenta de que se les había esfumado la esperanza de ganar dinero, echaron mano a Pablo y a Silas y los arrastraron a la plaza, ante las autoridades. Entonces la multitud se amotinó contra Pablo y Silas, y los magistrados mandaron que les arrancaran la ropa y los azotaran. Después de darles muchos golpes, los echaron en la cárcel y ordenaron al carcelero que los custodiara con la mayor seguridad. A eso de la medianoche, Pablo y Silas se pusieron a orar y a cantar himnos a Dios y, los otros presos los escuchaban. De repente se produjo un terremoto tan fuerte que la cárcel se estremeció hasta sus cimientos. Al instante se abrieron todas las puertas y a los presos se les soltaron las cadenas. El carcelero despertó, al ver las puertas de la cárcel de par en par sacó la espada y se iba a matar, porque pensaba que los presos se habían escapado. Pero Pablo le gritó: ¡No te hagas ningún daño! ¡Todos estamos aquí!

El carcelero pidió luz, entró precipitadamente y se echó temblando a los pies de Pablo y de Silas. Luego los sacó y les preguntó:

—Señores, ¿qué tengo que hacer para ser salvo?

—Cree en el Señor Jesús; así tú y tu familia serán salvos — le contestaron.

Hasta aquí, la historia nos muestra un hecho asombroso de la manifestación del poder de Dios haciendo estremecer los cimientos de una cárcel para liberar a los presos y para salvar a un carcelero. Pero todavía no concluye todo, pues miren lo que sucede a continuación:

"A esa hora de la noche, el carcelero se los llevó y les lavó las heridas; en seguida fueron bautizados él y toda su familia. El carcelero los llevó a su casa, les sirvió comida y se alegró mucho junto con toda su familia por haber creído en Dios" (Hechos 16:16-34).

¿No se le ocurre a usted pensar que la familia también creyó en el Señor Jesucristo y se hizo bautizar al ver lo que hizo el carcelero?

¿Piensa usted que para que nuestra familia sea salva solo es necesario recibir a Jesucristo como Señor y Salvador sin vivir una vida de consagración?

Las buenas ofertas siempre van acompañadas de un beneficio tanto para quien la ofrece como para quien la recibe. En este caso, dos hombres golpeados y encarcelados recibirían la recompensa de brillar como estrellas a perpetua eternidad, y varias familias recibirían su salvación.

Tal vez tú también estés golpeado por la vida, por los problemas y situaciones personales de todo orden. Pero déjame decirte que dentro de tu "celda" que podría ser tu casa, tu barrio, tu lugar de trabajo… hay alguien esperando que le hables de Cristo. No necesitas esperar que ocurra un hecho extraordinario. También tu testimonio podría ser suficiente para que ocurra un milagro.

A ti me dirijo ahora, estimado amigo: por favor, no esperes a que otro miembro de tu familia crea en el Señor Jesucristo para poder recibir la salvación. Toma la iniciativa. Permite que el amor del Señor te convierta en un liberador de bendiciones para toda tu casa. Ellos, al ver tu fe y tu testimonio, decidirán creer también.

"¡He aquí ahora el tiempo aceptable; he aquí ahora el día de salvación!" (2 Corintios 6:2).

¡Oh, gracias, Señor por salvar mi vida justo a tiempo!
Gracias por darme la promesa de salvación familiar.
Sé que mi casa será salva en cualquier momento,
y si la fe de alguno ha muerto tú las vas a resucitar.
Sé que tu anhelo es salvar a toda la humanidad,
pero cada persona debe recibirte en su corazón.
Éste es el mejor antídoto para combatir la maldad,
Y a las familias dar esperanza de eterna redención.

Te despojase del trono para morir con sangrante dolor.
¡Oh qué singular manera de amar tiene el Señor Jesús!
Más importante que su gloria era que fueras salvo tú,
¿quieres ver otra prueba más fidedigna de su amor?

Si estás de acuerdo y el mensaje has entendido,
ya no tienes excusa para rechazar al Salvador.
Abre tu corazón y confiesa estar arrepentido,
reconoce que tus pecados te tuvieron oprimido,
pero puedes ser libre recibiendo a Cristo el Señor.

Hoy es el día. Hoy es el día y tú puedes hacerlo,
para que seas libre y veas la redención familiar.
Apresúrate ahora mismo y podrás conocerlo,
recibe a Jesucristo como tu Salvador personal.

REFEXIONA

¿Cómo podrías convertirte en un liberador de bendiciones para toda tu familia?

_____

_____

_____

_____

_____

_____

_____

¿Haciendo qué cosas podrías ayudar a que otras personas sean salvas?

_____

_____

_____

_____

_____

_____

_____

INTERACTUEMOS

Capítulo XIV
Mi viejo manantial

"Y será aquel varón como escondedero contra el viento, y como refugio contra el turbión; como arroyos de aguas en tierra de sequedad, como sombra de gran peñasco en tierra calurosa" (Isaías 32:2).

Capítulo XIV
Mi viejo manantial

"Y será aquel varón como escondedero contra el viento, y como refugio contra el turbión; como arroyos de aguas en tierra de sequedad, como sombra de gran peñasco en tierra calurosa" (Isaías 32:2).

Quisiera resaltar cuatro palabras claves que nos brinden un marco referencial para el tema objeto de estudio: **escondedero, refugio, arroyos, sombra.** Por favor detengámonos un momento a examinar las palabras mencionadas e iniciemos con las dos primeras que son sinónimas y adquieren la connotación de *seguridad:* escondedero y refugio.

¿Jugó usted a "las escondidas" durante su niñez?

En el tiempo en que se practicaban los juegos callejeros, era muy divertido participar. Además de entretenernos nos desarrollaba cierta destreza para encontrar un buen escondite. Todo dependía de la habilidad de cada participante. A veces lo hacíamos en parejas o en pequeños grupos, si disponíamos de un hábil líder. Hoy en día ese juego que era uno de mis favoritos se ha convertido en una realidad sustancial de seguridad en la persona del Señor Jesucristo. Y no solo para mí, sino que Jesús les brinda absoluta protección a todos aquellos que debajo de sus alas vienen a refugiarse.

Ahora hablemos del **arroyo**, definido como una "corriente natural de agua que normalmente fluye con continuidad". Notemos bien que, en el texto del encabezamiento, el Señor habla de sí mismo en plural y no es singular, debido a que "arroyo" también es definido como "un río pequeño de escaso caudal y profundidad, y que podría llegar a desaparecer en la estación seca". Por eso el Señor se compara con "**los arroyos"**, dando a entender que su provisión es permanente y nunca deja de fluir. Es decir, si se seca "un arroyo", "otro arroyo" brotará para sustituirlo. ¡Aleluya!

Mientras viví en la finca con mis padres, el mejor lugar donde podíamos obtener agua potable era en "la poza". Así le llamábamos a un manantial excavado por mi madre. De ese manantial recibíamos el agua fresca para beber y cocinar. De ese manantial recogíamos el agua confiadamente porque había la seguridad de su alta pureza.

Hoy tengo que agradecer al Señor que nos haya provisto a mi familia y a mí una mejor agua que la del manantial. Cristo, que es la fuente de agua de vida eterna, no nos dejará tener sed jamás. "La poza" se cerró por desuso, pero del Señor seguiremos recibiendo agua pura por toda la eternidad.

Por último, hablemos de **la sombra,** no como "una imagen oscura proyectada sobre una superficie", sino como un espacio donde se está protegido del calor del sol. Con este tipo de sombra se compara el Señor Jesucristo, por el bienestar que se experimenta al estar en su presencia. Esto yo lo percibo como salir de la estación de verano donde todo se marchita y se seca y entrar a la estación de primavera donde los árboles recobran vida y florecen.

Permítame concluir citando cuatro textos bíblicos que nos muestran los atributos de Dios antes mencionados:

"El SEÑOR es mi roca, mi fortaleza y mi libertador. Dios es mi refugio, él me protege; mi escudo, me salva con su poder. Él es mi escondite más alto" (Salmos 18:2, PDT).

"EL SEÑOR es una fuente de agua" Pero el que beba del agua que yo le daré, nunca volverá a tener sed. Porque el agua que yo le daré se convertirá en él en manantial de agua que brotará dándole vida eterna. (Juan 4:14, DHH).

"El SEÑOR es tu guardador; El SEÑOR es tu sombra a tu mano derecha. El sol no te herirá de día, Ni la luna de noche. El SEÑOR te protegerá de todo mal; Él guardará tu alma. (Salmos 121:5-6, NBLA).

Por eso "los hijos de los hombres se amparan bajo la sombra de tus alas" (Salmos 36:7).

Cuando el sol de las tribulaciones y el calor de los problemas sofoquen nuestra vida, refugiémonos a la sombra de ese gran peñasco que nos abriga y nos da descanso. Solo allí podremos sentarnos confiadamente y recibir la frescura que requiere toda alma sedienta.

Señor, que anhele siempre estar muy cerca,

que prefiera cohabitar todos los días contigo.

Para ser saciada de ti y mi alma no perezca,

reposando bajo tus alas que me dan abrigo.

Señor, eres mi protección. Tú eres mi sustento,

eres el agua pura y cristalina que calma mi sed.

Eres tú mi respirar y también mi mejor alimento,

recibo tus palabras que dicen "ven a mí y bebed".

Por ser tú la única Roca que me brinda protección,

y el agua más pura que la de mi viejo manantial,

me acerco a ti antes que venga el día de la aflicción,

no tengo mejor escondite donde poderme refugiar.

REFLEXIONA

¿De qué manera ha sido saciada tu alma en los tiempos de sequía espiritual?

_____
_____
_____
_____
_____
_____
_____
_____

¿Qué experiencias en tu niñez te dan evidencia de protección, liberación y provisión de Dios?

_____
_____
_____
_____
_____
_____
_____
_____

INTERACTUEMOS

CAPÍTULO 14

Capítulo XV
Como cedros y palmeras

"El justo florecerá como la palmera; Crecerá como cedro en el Líbano" (Salmos 92:12).

Capítulo XV
Como cedros y palmeras

"El justo florecerá como la palmera; Crecerá como cedro en el Líbano" (Salmos 92:12).

¿Y quién es justo? ¡Porque la Biblia dice que no hay justo! Esta es la cita que alguien podría invocar para argumentar que no se le puede atribuir justicia a nadie.

"Como está escrito: No hay ni un solo justo. Nadie es realmente sabio, nadie busca a Dios. Todos se desviaron, todos se volvieron inútiles. No hay ni uno que haga lo bueno, ni uno solo" (Romanos 3: 10-12).

Entonces, ¿Por qué algunos son llamados justos? ¿Acaso se contradice Dios?

¿Por qué también en el Salmo 92 el Señor dice que el justo florece y crece?

Pues bien, pasemos a examinar cuidadosamente y comprobaremos que no hay ninguna contradicción.

En primer lugar, nótese que Romanos 3: 10 inicia así: "Como dicen las Escrituras". Da a entender que hay un contexto bíblico. Que existe un marco de referencia que lo rodea para que pueda ser entendido o bien interpretado. Y justamente el contexto en este caso son los Salmos 14 y 53.

Las palabras dichas por el rey David en estos Salmos no solo fueron aplicables en ese tiempo. ¡Claro que no! Hoy siguen igualmente vigentes. Es más, el apóstol Pablo en el Nuevo Testamento las toma como referencia para sustentar la verdad de que todo ser humano indistintamente de si es judío o griego, esclavo o libre, gentil o publicano, rico o pobre, iletrado o culto. TODOS necesitamos de la gracia redentora del Señor Jesucristo para ser salvos.

> "Por cuanto todos pecaron, y están destituidos de la gloria de Dios" (Romanos 3:23).

> "Pero ahora se ha manifestado la justicia de Dios por medio de la fe en Jesucristo para todos los que creen en él" (Romanos 3:22).

Habiendo entendido que, así como el Señor Jesucristo al morir por nuestros pecados nos acercó a Dios y nos posicionó delante de él en una relación de justicia, ahora se espera que como personas justas crezcamos y demos frutos evidentes de nuestra nueva naturaleza.

A los que practican la justicia de Dios, como consecuencia de haber sido justificados por medio de la fe en el Señor Jesucristo, les aplica esta doble promesa:

1. Florecen. Esto habla de estar radiantes y hermosos. De tener una mejor apariencia; porque somos embellecidos con el atractivo de la presencia de Dios.

2. Crecen. Significa entonces que no estaremos estancados, sino que daremos frutos en abundancia. Creceremos vigorosos y fuertes contra toda tempestad.

Los hijos de Dios que florecen y crecen son como la palmera. Con la característica de que cuando los vientos soplan con violencia, ellos se aferran de la raíz que es Cristo el Señor. Y aunque se doblan, no se parten, ni tampoco se desarraigan. Solo se doblan para inclinarse ante el Creador y adorar su Santo nombre.

La palmera crece en el desierto, en lugares de sequedad y desolación. Florece y da frutos donde otros árboles mueren.

El cedro emana de su interior exquisita fragancia.

Así son los justos en las manos de su hacedor: Como cedros y palmeras.

Que practiquemos la justicia como hijos de Dios,
es el pedido que nos hace Jesucristo el Señor.
Hablemos, pero la justicia también cumplamos,
así como está escrito en el libro de Romanos.

Como la palmera, aún con vientos huracanados,
con lluvias torrenciales, con rayos y tempestad.
Permanezcamos en todo tiempo bien arraigados,
dando frutos en abundancia y con total libertad.

Los frutos revelan nuestra nueva naturaleza,
ellos demuestran quiénes somos realmente.
No pasamos inadvertidos, aunque así parezca,
porque al hacer justicia se hace muy evidentes.

Hoy, por el sacrificio de Cristo somos justos ante Él,
no por nuestras propias obras debemos reconocer.
Todo aquel que ha dejado el pecado venga a la cruz,
Y dé gracias a Dios por asignarle tan grande virtud.

REFLEXIONA

¿Cuándo descubriste que a través de las pruebas y las dificultades Dios saca de ti una mejor fragancia?

_____
_____
_____
_____
_____
_____
_____

¿Qué atributos del cedro y la palmera se podrían aplicar a tu vida?

_____
_____
_____
_____
_____
_____
_____

INTERACTUEMOS

CAPÍTULO 15

Capítulo XVI
Mi hijo amado

"De Benjamín, dijo: Habite el amado del SEÑOR en
seguridad junto a aquel que le protege todo el día, y entre
cuyos hombros mora" (Deuteronomio 33:12, LBLA)

Capítulo XVI
Mi hijo amado

"De Benjamín, dijo: Habite el amado del SEÑOR en seguridad junto a aquel que le protege todo el día, y entre cuyos hombros mora" (Deuteronomio 33:12, LBLA)

Sentirse amado es una característica de todo ser humano. Todos necesitamos recibir y dar amor porque fuimos creados por el Dios de amor.

El amor es algo intrínseco que no podemos rechazar. Si alguien quisiera arroparse de orgullo declarando que no necesita ser amado, sería una contradicción opuesta a su propia naturaleza.

¿Qué sucede cuando no recibimos el amor que necesitamos?

¿Qué sucede si nos encerramos en nosotros mismos y colocamos una coraza para no recibir el amor de Dios?

¡Simple! Al no recibir el amor de Dios, el corazón se endurece, se inhabilita para para dar y recibir amor.

¿Recuerda usted aquella ocasión cuando Dios el Padre desde el cielo llamó al Señor Jesucristo **"Mi Hijo Amado"**?

¡Correcto! Cuando Jesús, en un acto de amor y obediencia vino de Galilea al río Jordán para ser bautizado por Juan, y aunque Juan se le opuso, Jesús le dijo:

"Deja ahora, porque así conviene que cumplamos toda justicia. Y Jesús, después que fue bautizado, subió enseguida del agua, y en ese momento los cielos le fueron abiertos, y vio al Espíritu de Dios que descendía como paloma y se posaba sobre él. Y se oyó una voz de los cielos que decía: 'Éste es mi Hijo amado, en quien tengo complacencia'" (Mateo 3:13-18).

¿Quisiera usted escuchar a Dios mencionar su nombre? ¿Quisiera que Dios le llame **"Mi hijo amado"**?

Es cierto que Dios no rehúsa su amor al ser humano, a todos nos ama. Sin embargo, leamos y meditemos en los siguientes ejemplos donde se puede observar una particularidad en la expresión del amor de Dios:

> "De tal manera amó Dios al mundo, que ha dado a su Hijo unigénito, para que todo aquel que en él cree no se pierda, sino que tenga vida eterna" (Juan 3:16).

> "Bendito sea el Dios y Padre de nuestro Señor Jesucristo, que nos bendijo con toda bendición espiritual en los lugares celestiales en Cristo, según nos escogió en él antes de la fundación del mundo, para que fuéramos santos y sin mancha delante de él. Por su amor, nos predestinó para ser adoptados hijos suyos por medio de Jesucristo, según el puro afecto de su voluntad, para alabanza de la gloria de su gracia, con la cual nos hizo aceptos en el Amado" (Efesios 1:3-6).

Estimado amigo lector: el primer acto de amor hacia Dios el Padre es recibir a su Hijo Jesucristo como Señor y Salvador. El segundo acto es ser bautizado. Esto permite que los cielos te sean abiertos. Que el Espíritu de Dios pose sobre ti. Que puedas oír la voz del Padre. Que seas acepto en el amado. Y que recibas el mismo calificativo de honor: "MI HIJO AMADO".

Con esta bendición, Moisés, hombre de Dios, bendijo a la tribu de Benjamín antes de morir. De igual manera Dios sigue bendiciendo a sus hijos hoy. Dios no ha enmudecido; más aún, podríamos decir que ha expandido la posibilidad de oírle, al permitir que su palabra sea difundida a través de los diferentes medios de comunicación. ¡No hay excusa para nosotros los que vivimos en esta dispensación de la gracia!

¡Oh, bendito Salvador mi refugio eterno!
¡Sublime gracia derramada desde el cielo!
Hoy me regocijo en tus brazos tiernos,
para ser arrullada con la dulzura de tu amor.

Es un deleite tu presencia, tu abrigo es mi protección,
tu cercanía me da confianza y me inspira una canción.
Gracias por escuchar lo que tu hija quiere decir,
Ven por favor amando mío, tu susurro yo quiero oír.
Habla una vez más tu palabra, hazme otra vez sonreír.

Diariamente amado mío tu dulce voz yo quiero escuchar,
sea de la manera que tú quieras tu palabra a mí enviar.
Por favor déjame oír qué planes tienes para mi vida,
y aunque no comprenda nada me postre ante ti rendida.

Tus pensamientos has dicho que son de bien y no de mal,
es una buena noticia que me da paciencia para esperar.
Gracias por llevarme sobre tus hombros con seguridad,
para que el enemigo no me dañe con su cruel maldad.

REFLEXIONA

¿Cómo el amor de Dios conquista tu corazón y llena todo vacío?

_____
_____
_____
_____
_____
_____
_____

¿Con cuales acciones podrías expresar tu amor hacia Dios?

_____
_____
_____
_____
_____
_____

INTERACTUEMOS

CAPÍTULO 16

Capítulo XVII
No te des por vencido

"Jesús les refirió una parábola a sus discípulos sobre la necesidad de orar siempre, y no desmayar"
(Lucas 18:1).

Capítulo XVII
No te des por vencido

"Jesús les refirió una parábola a sus discípulos sobre la necesidad de orar siempre, y no desmayar" (Lucas 18:1).

En cierta ocasión, Jesús refirió una parábola para enseñar que debemos orar en todo tiempo, y no desfallecer, diciendo:

"Había en cierta ciudad un juez que ni temía a Dios ni respetaba a hombre alguno. Y había en aquella ciudad una viuda, la cual venía a él constantemente, diciendo: 'Hazme justicia de mi adversario'. Por algún tiempo él no quiso, pero después dijo para sí: 'Aunque ni temo a Dios ni respeto a hombre alguno, sin embargo, porque esta viuda me molesta, le haré justicia; no sea que por venir continuamente me agote la paciencia'. Y el Señor dijo: Escuchad lo que dijo el juez injusto. ¿Y no hará Dios justicia a sus escogidos, que claman a El día y noche? ¿Se tardará en responderles? Os digo que pronto les hará justicia. No obstante, cuando el Hijo del Hombre venga, ¿hallará fe en la tierra?" (Lucas 18:1-8).

En ocasiones hemos acudido a Dios en oración, y al no obtener pronta respuesta a nuestras peticiones, nos hemos desanimado. Ésta es una de las razones por las cuales el Señor nos ha dejado ejemplos como el de la viuda de la parábola, para enseñarnos que debemos orar en todo tiempo sin desmayar.

El Señor Jesús al final de la parábola dice:

"¿Y acaso Dios no hará justicia a sus escogidos, que claman a él día y noche? ¿Se tardará en responderles?" (Lucas 18:7).

¿Significa entonces que la respuesta a nuestras oraciones son una manifestación de la justicia de Dios? ¡Claro que sí!

También significa, mi estimado hermano y amigo, que la justicia de Dios no sería justicia si nuestras oraciones dejasen de recibir su respuesta. Es justo entonces que Dios nos demande la oración perseverante para que se cumpla su Justicia. ¡Parece un trabalenguas! Pero, *¿no le parece maravilloso la manera cómo Dios trabaja juntamente con nosotros? ¿No le parece maravilloso que hagamos equipo con un Dios todopoderoso?*

En el versículo 7 leemos que la justicia de Dios es hecha a sus **escogidos** que claman a él día y noche (con perseverancia). A mí en particular me dice dos cosas muy importantes:

1. Debemos ser escogidos por Dios para que su justicia sea cumplida a través de nuestras oraciones.
2. Debemos clamar con perseverancia.

En virtud de lo anterior, nos asiste la siguiente pregunta: ¿cómo puedo yo ser escogido por Dios?

Permítame presentar una respuesta sencilla a esta importante pregunta.

Toda persona es llamada por Dios a aceptar los beneficios de la salvación por medio del Señor Jesucristo, pues Él quiere que *"todos los hombres sean salvos y vengan al conocimiento de la verdad"* (1 Timoteo 2:4). Por tal razón, solo si aceptamos; es decir, si reconocemos el sacrificio hecho por Jesús en la cruz para perdón de nuestros pecados, seremos llamados escogidos de Dios.

Mi anhelo es que usted escuche el consejo de Dios. Que crea en el sacrificio de Cristo y lo reciba como su Señor y Salvador personal. Si esto hiciere, desde este mismo momento será llamado "escogido de Dios". Y desde este mismo momento su clamor será respondido.

Le invito a tomar la decisión de acercarse al Señor con una actitud humilde reconociendo que es pecador. Reciba su perdón y oremos así:

Señor:

He desobedecido tu palabra, pero estoy arrepentido,
he vivido sin fe y sin esperanza y no sé cómo orar.
De todo corazón te pido que me hagas un escogido,
para estar muy cerca de ti y como hijo poder clamar.

Fuera de ti, mi alma no ha podido prosperar,
porque he andado en mis propios caminos.
Por eso he vivido con mi corazón entristecido,
ese ha sido el costo por haberte desobedecido,
mas regreso a ti y no quiero volverme a alejar.
Me propongo firmemente de tu mano avanzar,
pues bajo tu cobertura estaré siempre protegido.

Señor, perdona por favor mi actitud negligente,
te suplico me ayudes a tu palabra no abandonar.
Gracias por preparar respuestas sorprendentes.
Guíame a orar fervientemente y sin desmayar.
¡Oh Dios, enséñame a orar con la fe suficiente!
Como un hijo que te ama y quiere perseverar.
    Amén.

REFLEXIONA

¿Cómo te conviertes en un escogido de Dios? Leer (Efesios 1:3-10)

_____
_____
_____
_____
_____
_____
_____
_____

¿De qué manera deberías presentar a Dios tus peticiones para que sean respondidas?

_____
_____
_____
_____
_____
_____
_____
_____

INTERACTUEMOS

CAPÍTULO 17

Capítulo XVIII
Dios está en medio de ti

"El Señor tu Dios está en medio de ti, guerrero victorioso; se gozará en ti con alegría, en su amor guardará silencio, se regocijará por ti con cantos de júbilo" (Sofonías 3: 17, LBLA).

Capítulo XVIII
Dios está en medio de ti

"El Señor tu Dios está en medio de ti, guerrero victorioso; se gozará en ti con alegría, en su amor guardará silencio, se regocijará por ti con cantos de júbilo" (Sofonías 3: 17, LBLA).

Elevemos hoy una voz de gratitud al Dios Todopoderoso, al que vive en medio de su pueblo, al que ha decidido mantener su mirada sobre nosotros.

Al Dios único, guerrero victorioso, al que habita en medio de las naciones para conquistar los corazones. Al que trae salvación y nos libra de la condenación.

Eso es precisamente lo que un día decidió hacer el Señor Jesucristo al soportar la cruz y derramar su sangre. Soportó todo sufrimiento para que tú y yo gozáramos de su victoria.

Hoy es una buena oportunidad para que Colombia, rendida delante de aquel que la constituyó como Nación gloriosa, eleve un canto de gratitud.

Colombia, tú estuviste gimiendo entre cadenas. Hoy declaramos que tus ojos y tu entendimiento espiritual se abren para comprender las palabras del que murió en la cruz. Hoy nos asociamos con la expresión libertadora que el Señor Jesucristo exclamó diciendo: "Consumado es".

Con su muerte, Cristo completó su obra redentora. Y con su muerte, se dio paso al acto sublime de su victoria: la Resurrección.

Ese día de su muerte hubo llanto, tinieblas y gran confusión. Pero después de tres días una gran Celebración. Esa celebración la seguimos haciendo con voz de júbilo y gran gozo. Cristo vio nuestro gozo. A Él le fue colocado delante de sus ojos la salvación de familias, pueblos y naciones enteras *(cf. Hebreos*

12:2). En ese día histórico fue conquistada la victoria permanente de las naciones.

Celebremos entonces la presencia de nuestro Dios en medio de nosotros, porque… *¡nuestro gozo es su gozo!*

Ésta es la poderosa razón que alegra el corazón del Señor, a tal punto de hacerlo cantar: somos de gran estima ante sus ojos. *¡Somos muy amados!*

Esta razón poderosa nos invita a gozar y celebrar. El solo hecho de saber que somos motivo de alegría para el corazón de Dios, y que Él se deleita cuando celebramos su compañía nos inspira a proclamar nuestra gratitud en prosa y en versos.

¡Cuán dulce es cantar a Dios alma mía!
Al Dios que vive y reina para siempre.
Al que hace cánticos y calla de amor,
por eso te exaltamos glorioso Señor.

Porque nos has salvado eternamente,
te alabamos con júbilo y gran alegría.
Hoy decimos al que nos ha redimido:
¡Viva el Rey! Viva el Cristo resucitado.
Al que con poder venció al enemigo,
Al que de la muerte nos ha libertado.

Nuestra verdad: Dios es la razón de nuestro gozo,
con el corazón regocijado entonamos una canción.
Celebremos la presencia de un Dios todopoderoso,
celebremos alegremente delante del Rey majestuoso,
quien también se goza y calla de amor en su corazón.

Dios está en medio de ti ¡oh pueblo amado!
Con voz de júbilo y con gratitud proclama.
levanta tus manos hacia el Dios que te ama,
ven y adora al que eternamente te ha salvado.

REFLEXIONA

¿Cómo ves a Dios actuando en tu nación?

_____
_____
_____
_____
_____
_____
_____
_____

¿Cómo podrías celebrar su presencia y darlo a conocer?

_____
_____
_____
_____
_____
_____
_____
_____

INTERACTUEMOS

CAPÍTULO 18

Capítulo XIX
¡Límpiame, Señor!

"Ya vosotros estáis limpios por la palabra que os he hablado"
(Juan 15:3).

Capítulo XIX
¡Límpiame, Señor!

"Ya vosotros estáis limpios por la palabra que os he hablado" (Juan 15:3).

Hoy en mi devocional leía acerca de cómo el Señor Jesucristo, en un acto de amor, de humildad y de servicio, lavó los pies de sus discípulos mientras cenaba con ellos.

Meditando en esto tomé algunos textos de las Sagradas Escrituras, de los cuales surge la siguiente reflexión.

Inicié leyendo lo siguiente:

"Sabiendo Jesús que el Padre le había dado todas las cosas en las manos, y que había salido de Dios, y a Dios iba, se levantó de la cena, y se quitó su manto, y tomando una toalla, se la ciñó. Luego puso agua en un lebrillo, y comenzó a lavar los pies de los discípulos, y a enjugarlos con la toalla con que estaba ceñido" (Juan 13:3-5).

Detengámonos a examinar algo muy particular que narra el pasaje bíblico. La verdad no lo había mirado de la manera como hoy el Señor por su Espíritu me lo ha revelado. Jesús sabía que el Padre le había dado todas las cosas en sus manos y que había llegado la hora de ir a Él.

¿Qué había entonces en las manos de Jesús?

La respuesta es: *¡Todas las cosas!* Porque el Padre se las había entregado!

Durante este acto de humildad, mientras el Señor lavaba los pies a sus discípulos, allí les estaba transmitiendo de lo mismo que había recibido del Padre. Por eso vemos que, cuando llega hasta Simón Pedro, y éste trata de negarse a que le sean lavados sus pies, Jesús le dijo: *"Lo que yo hago, tú no lo comprendes ahora; mas lo entenderás después"*. Y Pedro le dijo: *"No me lavarás los pies jamás".* Y Jesús le respondió: *"Si no te lavare, no tendrás parte conmigo".*

¡Oh qué grandeza la del Señor Jesús y al mismo tiempo, Qué humildad al compartir de lo suyo con sus discípulos!

Jesús usó sus manos para lavar nuestros pies en un acto de humildad, y cambió su manto por una toalla para mostrarnos el don de servir. Dos virtudes bien importantes que debemos poseer sus seguidores.

No sé qué tan humildes seamos al servir con aquello que Dios ha puesto en nuestras manos. Tal vez a usted le fue dado el don de tocar un instrumento musical. A otro la capacidad de fabricar muebles. A otro la confección. A otro la tejeduría. A otro el hacer planos y diseños. Reparar computadoras, preparar recetas culinarias, decorar…, etc.

Ahora hagamos las siguientes preguntas:

¿De qué manera podríamos usar nuestras manos en un acto de humildad para servir al Señor?

¿Cuánto esperamos recibir por lo que hacemos con amor para Dios?

¿A quién le estamos transfiriendo nuestro legado?

Deseo que pasemos ahora a mirar otro aspecto relevante de la historia, de cuando el Señor Jesús lavó los pies a sus discípulos.

Los discípulos habían caminado con Jesús durante tres años aproximadamente, y durante ese tiempo ellos vieron milagros y maravillas: vieron a Jesús sanar a los enfermos, alimentar a multitudes, liberar endemoniados, resucitar muertos, entre muchos otros milagros. Pero hasta ese momento, aunque habían recibido la palabra de Dios de manera directa, aún no habían recibido una completa limpieza. Pero como sabemos, *¡el Señor lo que inicia lo perfecciona!* Ya era hora de completar su obra para que, equipados, sus discípulos cumplieran su llamado.

Entendemos entonces que, a Simón Pedro y a todos los que somos sus discípulos, nos es necesario que Jesús nos lave los pies. Necesitamos ser limpiados para hacer las obras que Jesús hizo. ¡Y aún mayores!

"De cierto, de cierto os digo: El que en mí cree, las obras que yo hago, él las hará también; y aún mayores hará, porque yo voy al Padre" (Juan 14:12).

Lávame los pies Jesús, mientras hablas tu Santa Palabra.
No detengas mi purificación, aunque yo no lo comprenda.
Pues si tú no me limpias, si no me santifico no haría nada,
no podría estar lista para ese Gran día en que tú vengas.

Lávame más y más de mi maldad y quita todo mi pecado,
que no quede residuos ni vestigio dentro de mi corazón.
Todo lo que el mundo y la carne hayan en mí almacenado,
desarráigalo con tus poderosas manos llenas de unción.

Tú te humillaste a ti mismo muriendo por mí en la cruz,
tomaste forma de siervo hecho semejante a los hombres.
te hiciste obediente hasta la muerte, ¡oh, mi Señor Jesús!
Luego exaltado con un Nombre que es sobre todo nombre.

Es por eso que, cuando vengo a Jesús, mis rodillas doblo,
y confieso con mi boca que él es mi Señor y mi Salvador.
Quiero lavar mis pies porque muchas veces los empolvo,
¡Qué grande privilegio ser limpiada por el Dios de amor!

REFLEXIONA

Si Jesús te dijera "déjame limpiarte", ¿qué le entregarías?

_____

_____

_____

_____

_____

_____

_____

¿De qué manera usas tus manos para servir a Dios?

_____

_____

_____

_____

_____

_____

_____

INTERACTUEMOS

CAPÍTULO 19

Capítulo XX
De lo invisible a lo visible

"Porque las cosas invisibles de Dios, su eterno poder y deidad, se hacen claramente visibles desde la creación del mundo, siendo entendidas por medio de las cosas hechas, de modo que no tienen excusa" (Romanos 1:20).

Capítulo XX
De lo invisible a lo visible

"Porque las cosas invisibles de Dios, su eterno poder y deidad, se hacen claramente visibles desde la creación del mundo, siendo entendidas por medio de las cosas hechas, de modo que no tienen excusa" (Romanos 1:20).

Dios se ha revelado al mundo por medio de lo que él mismo ha creado. Por tanto, atribuir a la creación otro Creador sería perder la oportunidad de conocerle en esta gloriosa manifestación de amor.

La naturaleza es un milagro que nace por la Palabra del Dios invisible. ¡No sabemos cómo! Pero debemos reconocer que es obra de su amor para mostrar al mundo su carácter.

Todo ser humano fue dotado con la capacidad de conocer a Dios por las cosas creadas. De tal manera que negarse a reconocer que Dios es el Creador hace que la mente divague en vanos razonamientos y el corazón se endurezca.

Estimado amigo lector, si usted es de las personas que esperan ver un hecho sorprendente para aceptar que Dios es el Creador de todas las cosas, le invito a mirar alrededor. Observe la naturaleza. ¡Esto es una manifestación del poder de Dios! ¿No le parece sorprendente y además extraordinario? ¿Necesita que suceda algo más para entender que Dios es Real?

Dios es Creador de lo visible y de lo invisible, mas Él no necesita ninguna de ellas para sustentarse. ¡No absolutamente! Cuando Él las creó estaba pensando en ti y en mi…. Sí. Todas fueron creadas en virtud de su amor.

Todas ellas fueron creadas por Él y para Él, para que Dios sea conocido y a él sea dada toda la Gloria.

"Porque en él fueron creadas todas las cosas, las que hay en los cielos y las que hay en la tierra, visibles e invisibles; sean tronos, sean dominios, sean principados, sean potestades; todo fue creado por medio de él y para él" (Colosenses 1:16).

¡Oh cuán Grande es el amor de nuestro Señor!

Que toma de lo suyo y lo plasma en la creación.

De su poder, de su grandeza, de su divinidad.

Todo ello representado en la naturaleza visible,

mostrando al mundo un Dios inconmovible,

¡Qué manera sin igual de quererse revelar!

Ahora no tengo ninguna excusa para de ti huir,

por tanto, ¿cómo la duda yo podría concebir?

¿Cuándo en tu creación claramente veo la luna?

¿El sol e innumerables estrellas que tú creaste?

¿Quién es el hombre para que le dejes fluir?

¿Tan sublime gracia de amor inmensurable?

Ningún ser humano merece gloria alguna,

solo rendirse ante ti y de corazón humillarse.

Me rindo ante tu poderío, grandeza y majestad,

por cuanto eres mi Padre Eterno, Príncipe de Paz,

Admirable, Consejero, Dios Fuerte por la eternidad.

Gracias por mostrar tu amor a través de la creación,

tu sublime gracia nos revela la bondad de tu corazón.

Tus maravillas claramente visibles nos hablan cada día,

diciendo que tú eres perfectamente lleno de sabiduría.

REFLEXIONA

¿Como ves manifestados el amor y el poder de Dios en su creación?

_____

_____

_____

_____

_____

_____

_____

_____

¿De qué manera Dios se ha revelado a tu vida?

_____

_____

_____

_____

_____

_____

_____

_____

INTERACTUEMOS

Capítulo XXI
La oración eficaz

"Confesaos vuestras ofensas unos a otros, y orad unos por otros, para que seáis sanados. La oración eficaz del justo puede mucho" (Santiago 5:16).

Capítulo XXI
La oración eficaz

"Confesaos vuestras ofensas unos a otros, y orad unos por otros, para que seáis sanados. La oración eficaz del justo puede mucho" (Santiago 5:16).

En el pasaje de hoy, lo primero que se nos indica es la confesión mutua de las ofensas. Es posible que tú hayas pedido perdón. Que hayas confesado haber ofendido a alguien, pero ese alguien también te ofendió. Tú aceptas y reconoces tu falta, aunque la otra persona mantenga una actitud verticalmente rígida.

¿Qué sucedería en este caso?

La palabra de Dios dice de manera imperativa que debemos confesar nuestras ofensas. *¡Observe que es una orden plural!* Y que después de haber dado este paso, entonces ahora sí oremos unos por otros para recibir la sanidad requerida.

La parte final del texto bíblico dice: ***"La oración eficaz del justo puede mucho"***. ¿Cuántas veces hemos aplicado solamente esta parte del versículo? Lo citamos a menudo y lo oímos decir a otros cristianos mientras oran por alguien. Inclusive cuando se está orando por personas no cristianas. ¿Sabía usted que la oración eficaz está enmarcada dentro de la justicia de Dios? Dicho de otra manera: si yo soy una persona justificada por Dios, mi oración será eficaz si cumplo con la primera parte del versículo: *"Haber confesado mis ofensas"*.

Este tema es muy delicado y de incuestionable importancia, pues se trata de tomar la Palabra de Dios con el respeto que se merece y de aplicarla de manera responsable a nuestra propia vida.

Recordemos que en otra parte de las Sagradas Escrituras se nos dice que, si traemos nuestras ofrendas al altar, y allí nos acordamos de que nuestro hermano tiene algo contra nosotros, dejemos la ofrenda delante del altar. Vayamos y reconciliémonos con nuestro hermano, entonces vengamos y presentemos la ofrenda (*cf.* Mateo 5:23-24).

¡Qué interesante! No dice "si he ofendido". No. Dice *"si mi hermano tiene algo contra mí"*. Lo cual indica que no debo esperar a ser ofendido para pedir perdón. De tal manera que no hay excusas. Nadie se puede salir con la suya. ¡Estamos acorralados! O reconocemos nuestras faltas, o seremos declarados por Dios como personas injustas e ineficaces para orar.

¿Se da usted cuenta de la profundidad de este tema, el cual es tratado muchas veces de manera superficial solo para apoyar una clase bíblica o una predicación emocional, donde se nos dice "busca a tu hermano y pídele perdón si sabes que le has ofendido o si tuviere algo contra ti"? Pero, ¿qué hacemos?

¿Será que también nos justificamos y creamos estancamiento en la iglesia al punto de que la unción para sanar a los enfermos, para la liberación y para que ocurran milagros ya poco fluye?

Ésta es una pregunta para reflexionar el día de hoy. No dudo que usted desearía ver los milagros que sucedieron en la primera iglesia. Esos que narra el libro de los Hechos. ¿Pero sabe algo? Nosotros podemos continuar con el capítulo 29 de ese libro.

Estimulo un limpio entendimiento a todos los cristianos,
a revisar ahora mismo sin vacilar cómo está vuestra vida.
Confesemos nuestras ofensas unos a otros como hermanos,
así sanaremos la iglesia y oraremos de manera más efectiva.

¿Queremos ver milagros y un pueblo preparado para Jesús?
Entonces debemos orar como lo dicen las Sagradas Escrituras.
No es un consejo o recomendación del que murió en la cruz,
Es una orden imperativa que debe cumplir la iglesia madura.

Oración eficaz y perdón de las ofensas recibidas,
están tan estrechamente relacionados entre sí.
que pasar por alto esta bendita palabra de vida,
impide a mi hermano ser sano y plenamente feliz.

Dios nos exhorta con amor y así mismo con firmeza,
a orar eficazmente unos por otros para ser sanados.
Dios no pide argumentación, sino que se le obedezca.
No digamos ligeramente: ¡Ya Cristo me ha libertado!

Unámonos en el orden bíblico de la oración eficaz,
y estemos listos y preparados para ver maravillas.
Veremos a los cautivos liberados y a Dios glorificar,
también los paralíticos se levantarán de las sillas.

REFLEXIONA

¿Qué te faculta para orar de manera eficaz?

_____
_____
_____
_____
_____
_____
_____
_____

Examina si hay personas a la cuales debes pedirle perdón.

_____
_____
_____
_____
_____
_____
_____
_____

INTERACTUEMOS

CAPÍTULO 21

Capítulo XXII
Todo lo que pidiereis

"Y todo lo que pidiereis al Padre en mi nombre, lo haré, para que el Padre sea glorificado en el Hijo" (Juan 14: 13)

Capítulo XXII
Todo lo que pidiereis

"Y todo lo que pidiereis al Padre en mi nombre, lo haré, para que el Padre sea glorificado en el Hijo" (Juan 14: 13).

Pensar que todo lo que pidamos a los hombres nos será dado es una utopía. Pero, ¡qué maravilloso es saber que Jesús nos autoriza a pedir al Padre en su nombre y Él lo hará!

Pidamos entonces al Padre, sin timidez, pues ya Jesús ha declarado su Palabra fiel. Él jamás enviaría a alguien a hacer algo en su nombre, si Él no fuese a respaldar su compromiso. ¡Esto es indiscutible!

Cuando Jesús autoriza, es porque está facultado con poder para responder por aquel a quien comisiona.

La virtud maravillosa de este texto radica en que, además de nosotros recibir respuesta a nuestras peticiones, hay una gloria excelsa para quien nos autoriza; ya que, cuando nuestras peticiones son respondidas, el Padre Celestial es exaltado a través de su Hijo Jesucristo.

Jesús tiene toda potestad en el cielo y en la tierra, asimismo tiene el señorío para actuar a favor de los que le obedecen.

Que hoy nuestras oraciones suban al Padre a través del nombre de Jesús, para que desciendan las respuestas a través de este mismo nombre.

Me gozo con cánticos delante de mi Padre Celestial,
presentando mis peticiones con toda súplica y clamor.
Sabiendo que en el nombre de Jesús todo me lo puede dar,
solo me resta decirle muchas gracias por tan grande amor.

Todo lo que pidamos al Padre lo podemos obtener,
por la gracia inmensurable de Jesucristo el Salvador.
¡Oh, Dios admirable que cosas buenas sabes ofrecer,
eres digno de recibir la honra, el poder y el honor!

Al Señor sea la gloria por los siglos de los siglos,
al que vive y reina para siempre por la eternidad.
Alabemos al Dios santo, adoremos al Cristo Vivo,
demos gracias a quien responde en la adversidad.

Atendamos con cuidado la condición del pedido,
para que del cielo las respuestas puedan bajar.
No pidamos caprichos que Dios no ha prometido,
Porque buena, agradable y perfecta es su voluntad.

REFLEXIONA

¿Qué cosas podrías pedir en el nombre de Jesús?

_____
_____
_____
_____
_____
_____
_____
_____
_____

¿Qué peticiones has hecho al Padre Celestial para glorificar su nombre?

_____
_____
_____
_____
_____
_____
_____
_____
_____

INTERACTUEMOS

CAPÍTULO 22

Capítulo XXIII
Tesoros escondidos

"Clama por inteligencia y pide entendimiento. Búscalos
como si fueran plata, como si fueran tesoros escondidos.
Entonces comprenderás lo que significa temer al Señor y
obtendrás conocimiento de Dios" (Proverbios 2:3-5, NTV).

Capítulo XXIII
Tesoros escondidos

"Clama por inteligencia y pide entendimiento. Búscalos como si fueran plata, como si fueran tesoros escondidos. Entonces comprenderás lo que significa temer al Señor y obtendrás conocimiento de Dios" (Proverbios 2:3-5, NTV).

El entendimiento espiritual y el conocimiento de Dios están a nuestro alcance cuando clamamos por sabiduría. Cuando la buscamos como a un tesoro escondido.

> Porque el Señor da la sabiduría, Y de su boca viene el conocimiento y la inteligencia. (Proverbios 2:6)

Mientras estemos clamando, buscando y escudriñando las Sagradas Escrituras, el temor reverente hacia Dios crecerá en nosotros y hallaremos el conocimiento de Dios. No seremos ignorantes en cuanto a las revelaciones que manan de la Palabra viva, sino que con la ayuda del Espíritu Santo serán recibidas.

Que haya hambre y sed de tu Palabra, ¡oh mi Señor!

Que como a un tesoro escondido la quiera buscar.

Solo sé que aún necesito conocerte más,

necesito sabiduría con reverencia y temor.

Anhelante cada día, sedienta está el alma mía.

¡Oye, por favor, mi clamor, Señor! ¡Déjate hallar!

Señor, que sea oída mi voz que por ti clama,

dentro de mi corazón tengo esta necesidad.

Es pues la sabiduría lo que anhela mi alma,

y fuera de ti es imposible poderla encontrar.

Pero, ¿cómo conocerla sin leer tu Palabra?

Por favor, avívame para poderla escudriñar.

Para que haya dentro de mí un clamor genuino,

Inclinado hacia la inteligencia y el entendimiento.

Para buscarlos como si fueran plata en mi camino,

o como si fueran los tesoros escondidos del momento.

Entonces comprenderé lo que significa temer al Señor,

y conoceré las revelaciones que provee mi Salvador.

REFLEXIONA

¿Por qué necesitas entendimiento y conocimiento de Dios?

_____

_____

_____

_____

_____

_____

_____

¿Cómo comprobar si la sabiduría que posees proviene del cielo? Leer Santiago 3:13-18.

_____

_____

_____

_____

_____

_____

_____

_____

INTERACTUEMOS

CAPÍTULO 23

Capítulo XXIV
No retrocedas

"Mas el justo vivirá por fe; y si retrocediere, no agradará a mí alma" (Hebreos 10:38).

CAPÍTULO XXIV
No retrocedas

"Mas el justo vivirá por fe; y si retrocediere, no agradará a mi alma" (Hebreos 10:38).

Antes de introducirnos en el tema, quisiera que respondiéramos a esta pregunta: ¿qué tan relevantes son las obras de justicia?

En muchas ocasiones yo había considerado que las obras de justicia se referían solamente a lo "justo", "equilibrado", "equitativo". Pero hoy entiendo que cada acto de fe se constituye en una obra de justicia; y a su vez, cada obra de justicia es un peldaño en mi crecimiento espiritual para alcanzar la madurez plena como persona justa.

Acerca de la fe como obra de justicia, las Sagradas Escrituras declaran en **Hebreos 11:6** que *"sin fe es imposible agradar a Dios"*. Es evidente entonces que es imposible tratar de agradar a Dios siendo indiferentes a su Palabra, ya que nuestra naturaleza espiritual se desarrolla por intermedio de la fe y no en dependencia de nuestros sentidos naturales. Tal como dice **Romanos 10:17**.

"Así que la fe es por el oír, y el oír, por la palabra de Dios".

Es imposible vivir alineados con los designios divinos cuando actuamos según nuestro propio parecer, sin tomar en cuenta el consejo de Dios.

Así como Abraham creyó a Dios y le fue contado por justicia cuando ofreció a su hijo Isaac sobre el altar, así también nuestra fe es revelada a través de nuestras obras. Sin olvidar que no somos justos por causa de ellas, sino por causa de la preciosa sangre que nuestro Señor Jesucristo derramó en la cruz del Calvario.

"Pues, al que no conoció pecado, [Dios el Padre] por nosotros lo hizo pecado, para que nosotros fuésemos hechos justicia de Dios en Él [En Cristo]" (2 Corintios 5:21, *énfasis mío*).

Nuestras obras de justicia dan vida a nuestra fe,

entonces con cada acto de fe a Dios me acercaré.

Cada obra de justicia que yo haga de mi declara,

que mi fe sin duda alguna está siendo ejercitada.

Señor, sean mis obras de justicia con la fe suficiente,

para alcanzar las promesas que expresa tu palabra.

Tú inclinas mi alma a que te anhele ardientemente,

y yo rindo mi voluntad para vivir a ti consagrada.

Señor, ayúdame por favor a no retroceder jamás,

dame el gozo de vivir caminando en tu verdad.

REFLEXIONA

¿Qué obras de fe han contribuido con tu crecimiento espiritual?

_____

_____

_____

_____

_____

_____

_____

_____

¿Cuáles son las obras de justicia que han dado vida a tu fe?

_____

_____

_____

_____

_____

_____

_____

_____

INTERACTUEMOS

CAPÍTULO 24

Capítulo XXV
Hijitos míos

"Hijitos míos, no amemos de palabra ni de lengua, sino de hecho y en verdad" (1 Juan 3:18).

Capítulo XXV
Hijitos míos

"Hijitos míos, no amemos de palabra ni de lengua, sino de hecho y en verdad" (1 Juan 3:18).

¿Quién no quisiera oír la voz de un padre? ¿Quién no oiría la voz de un padre más aún si lo hace con amor?

Estemos entonces atentos para oír lo que Dios nos va a hablar desde la posición de Padre. Esta vez no hablará como juez, esta vez no hablará como Señor o como Rey. Esta vez lo hará como un Padre que aconseja con ternura usando la expresión *"hijitos"*, y en consecuencia, lo que espera de nosotros es obediencia inmediata. ¡Cómo no conquistar nuestros corazones si nos habla de este modo!

Lo primero que resalta en el texto bíblico es la expresión *"hijitos míos"*. Esto indica evidentemente que el consejo de Dios va dirigido a todos sus hijos.

El consejo de hoy va dirigido a todos los que han abierto su corazón al amor del Padre Celestial. De paso quisiera decirle a usted estimado amigo, si aún no ha recibido al Señor Jesucristo como su Señor y Salvador, éste es el momento para hacerlo y convertirse en hijo de Dios.

"[Jesucristo] a lo suyo vino, y los suyos no le recibieron. Mas a todos los que le recibieron, a los que creen en su nombre, les dio potestad de ser hechos hijos de Dios; los cuales no son engendrados de sangre, ni de voluntad de carne, ni de voluntad de varón, sino de Dios" (Juan 1:11-13, *énfasis mío*).

Notemos que nuestro Padre Celestial, después de llamarnos "hijitos", nos hace una petición donde él se incluye diciendo: *"no amemos de palabra ni de lengua…"*.

Al hablar en plural, es como si Dios dijera: *"Yo lo hago, háganlo ustedes también; sigan mi ejemplo"*. De tal manera que al ver lo que el Padre hace, nosotros sus hijos también lo hacemos.

¿Y de qué manera Dios nos ha demostrado su amor? ¿Por qué dice a sus hijos que amen de hecho y en verdad?

Entendiendo que toda palabra se sustenta con una evidencia, y que cada expresión de amor debe tener una demostración práctica, eso es justamente lo que el Padre Celestial ha hecho. Su amor quedó demostrado al entregar a su Hijo Jesucristo en la cruz para salvarnos de nuestros pecados. Una prueba fechaciente de que tiene suficientes méritos para hacernos esta justa petición: *"no amen de palabra ni de lengua, sino de hecho y en verdad"*.

> Te llamamos Papi porque tú nos llamas hijitos,
>
> te decimos "Abba, Padre" cuando clamamos.
>
> También fue la oración del Señor Jesucristo,
>
> cuando en Getsemaní a muerte lo entregamos.
>
> Es acercarme muy próximo a tu corazón,
>
> el hablarte de manera muy dulce y tierna.
>
> Es cierto que eres mi Rey, mi Salvador y Señor,
>
> pero como Padre me haces sentir más pequeña.
>
> Es por el amor que me has transmitido,
>
> que me habilitas a hacer el bien a todos.
>
> Señor, sé que amas aún a tus enemigos,
>
> lo cual me invita a vivir del mismo modo.
>
> No es una sugerencia o recomendación,
>
> Es una orden para cumplir sin condición.

REFLEXIONA

¿Cómo te fortalece saber que Dios te ama con acciones prácticas y no solo de palabras? Leer Juan 3:16

_____
_____
_____
_____
_____
_____
_____
_____

¿De qué manera podrías demostrarle a Dios que lo amas?

_____
_____
_____
_____
_____
_____
_____

INTERACTUEMOS

CAPÍTULO 25

Capítulo XXVI
Oye mi voz

"Mis ovejas oyen mi voz, y yo las conozco, y me siguen, y yo les doy vida eterna; y no perecerán jamás, ni nadie las arrebatará de mi mano" (Juan 10: 27-28).

Capítulo XXVI
Oye mi voz

"Mis ovejas oyen mi voz, y yo las conozco, y me siguen, y yo les doy vida eterna; y no perecerán jamás, ni nadie las arrebatará de mi mano" (Juan 10: 27-28).

Veamos inicialmente tres promesas absolutas, derivadas del oír la voz de Jesús y seguirle:

1) vida eterna;
2) no morir jamás;
3) nadie nos puede arrebatar de sus manos.

Ahora bien, partamos de la premisa de que, para poder oír la voz de Jesús, primero hay que ser "oveja".

Dentro de las tantas características que tiene una oveja, podríamos señalar que la oveja es mansa e inofensiva, pero también es torpe. La oveja es símbolo de ingenuidad y desamparo frente a los enemigos. Cuando está agrupada en el rebaño, se convierte en obediente y dócil, dispuesta a someterse a la autoridad de su superior. En este caso, a la autoridad de su pastor.

Dicho esto, si alguno de nosotros nos llegásemos a considerar sabios en nuestra propia opinión o si anduviésemos en algún grado de rebelión, ya no calificaríamos para oír la voz de Dios.

Muchas veces pensamos haber oído la voz de Dios, incluso andando en nuestros propios caminos; siguiendo la voz de nuestras emociones y de nuestro propio corazón. ¿Podríamos de esta manera oír la voz de Dios?

171

Cuando somos ovejas, tenemos un Pastor y nos sometemos a Él. Toda oveja tiene dueño. Tiene un pastor que le guía. Y al oír su voz, le sigue porque en él confía.

La obediencia a Dios promueve nuestra fe. Nos permite estar seguros y fuera del alcance del enemigo que procura hacernos daño.

Al final del texto del encabezamiento Jesús nos dice:

"Nadie las arrebatará de mi mano" (Juan 10:28).

Arrebatar significa quitar con violencia y fuerza. Lo cual indica que, si obedecemos al Señor, tendremos el derecho de recibir la cobertura de sus manos. ¡Tendremos la protección de su fuerza insuperable!

Sea oído mi clamor que hago a Dios,

En busca de su soberana protección.

No sin antes rendirle toda mi voluntad,

Para obedecerle fielmente sin tardar.

Necesito oír tu voz ¡oh Dios sublime!

Ven, abre mis oídos y hazme sensible.

Sea tu Santo Espíritu quien me guíe,

y que de tus caminos jamás me desvíe.

Que reconozca tu voz en cada circunstancia,

Que habite bajo tu sombra ¡Oh, amado Señor!

Porque eres el ancla segura para mi alma,

tu voz es un sello de soberana protección.

¿Quién podría escucharte y no obedecerte?
No es posible quedar indiferente delante de ti.
Después de haberte escuchado muchas veces,
no tendría una sola razón para tratar de huir.

Definitivamente tú me has conquistado,
pues, tu dulce voz es como una melodía.
Escuchándote, mi alma se ha enamorado,
ahora sé que vivir sin ti jamás yo podría.

REFLEXIONA

¿Qué efectos se producen en tu vida de fe cuando obedeces la voz de Dios?

_____

_____

_____

_____

_____

_____

_____

_____

_____

¿Cómo sabes que Dios te está hablando?

_____

_____

_____

_____

_____

_____

_____

_____

INTERACTUEMOS

CAPÍTULO 26

Capítulo XXVII
Sabiduría de Dios

"Y si alguno de vosotros tiene falta de sabiduría, pídala a Dios, el cual da a todos abundantemente y sin reproche, y le será dada" (Santiago 1:5).

Capítulo XXVII
Sabiduría de Dios

"Y si alguno de vosotros tiene falta de sabiduría, pídala a Dios, el cual da a todos abundantemente y sin reproche, y le será dada" (Santiago 1:5)

¿Cuántas veces le hemos dicho a una persona no cristiana que le pida sabiduría a Dios? Éste es un buen punto de partida para detenernos a examinar lo siguiente:

En el versículo 1, el apóstol Santiago hace su introducción diciendo de sí mismo que él es un *"siervo de Dios, y del Señor Jesucristo".* En el versículo 2 dice *"hermanos míos",* lo cual indica evidentemente que esta carta va dirigida a todos los creyentes en Jesucristo.

El versículo 5, objeto de nuestro estudio, inicia diciendo *"Y si alguno de vosotros…".* Reiteramos entonces que las palabras de Santiago inspiradas por el Espíritu Santo van dirigidas a los creyentes. A aquellos que han decidido poner su confianza en el Señor Jesucristo y que además atraviesan por diversas pruebas.

Parece ser que, a causa de nuestras pruebas y de nuestra poca paciencia, intentamos resolver las situaciones haciendo uso de nuestras fuerzas y de nuestros propios conocimientos.

Entendemos ahora el por qué Santiago exhorta a pedir sabiduría a aquellos hermanos que habían sido dispersados. Justamente en estos momentos, en esta estación de la vida, es cuando se requiere con mayor urgencia la sabiduría, porque somos más propensos a equivocarnos al tomar las decisiones.

Mientras más leo detenidamente el pasaje bíblico, más logro entender que la sabiduría del cielo está reservada para los hijos de Dios. Y si seguimos leyendo, a partir del verso 6, nos vamos a encontrar con un "pero".

> "Pero pida con fe, no dudando nada; porque el que duda es semejante a la onda del mar, que es arrastrada por el viento y echada de una parte a otra" (Santiago 1:6).

Se vuelve más complejo a medida que profundizamos en la lectura. Mientras más ahondamos en el estudio, más descubrimos que hay varios elementos comprometidos con la sabiduría. No es solo pedirla a Dios, sino que, para recibirla, debemos además ser siervos, ser pacientes y creerle a Él.

Es posible que algunos cristianos consideren que tienen la sabiduría suficiente. Sin embargo, declarar que somos sabios no nos hace sabios, sino necios. Depender de Dios y buscar la sabiduría en Él nos hace entendidos *(cf. Romanos 1:22)*.

Hay un tipo de sabiduría la cual tú no quisieras tener ni pedir mi estimado amigo. Me refiero a la sabiduría terrenal, animal y diabólica. Es esa sabiduría que no es pura. No es pacífica. No es amable. No es benigna. No es llena de misericordia y de buenos frutos. Sino que es hipócrita; acompañada además de celos amargos, de contención y jactancia en el corazón *(cf. Santiago 3:13-16)*.

> "Pero la sabiduría que es de lo alto es primeramente pura, después pacífica, amable, benigna, llena de misericordia y de buenos frutos, sin incertidumbre ni hipocresía. (Santiago 3:17)".

Ven, acepta esta gracia que Cristo te ofrece,
te ofrece en abundancia sabiduría del cielo.
Pide con humildad, aunque nadie la merece,
pero si a alguno le falta, de Él la recibiremos.

Yo sigo reconociendo que me falta sabiduría,
por eso acudo a ti, porque tú eres la fuente.
Ya me has garantizado que de ti la recibiría.
Gracias, Señor, por dármela abundantemente.

Al cristiano que le falte sabiduría del cielo,
acérquese confiadamente a la fuente real.
Pídala con humildad de corazón sincero,
al único que la tiene y que la puede dar.

No te conformes con la humana sabiduría,
porque esa es terrenal, diabólica y animal.
Pide la que es benigna, pura y sin hipocresía,
pide la que es de lo alto, la del Padre Celestial.

REFLEXIONA

¿Por qué necesitas pedir sabiduría a Dios?

_____
_____
_____
_____
_____
_____
_____
_____

¿Cómo aplicas la sabiduría de Dios en tu diario vivir?

_____
_____
_____
_____
_____
_____
_____
_____

INTERACTUEMOS

CAPÍTULO 27

Capítulo XXVIII
¿Cuál es tu miedo?

*"No temas, pues no serás confundida; y no te
avergüences, porque no serás afrentada"* (Isaías 54:4).

Capítulo XXVIII
¿Cuál es tu miedo?

"No temas, pues no serás confundida; y no te avergüences, porque no serás afrentada" (Isaías 54:4).

Los diferentes tipos de miedos han sido clasificados por la psicología como fobias o trastornos de ansiedad. Citemos algunos ejemplos:

- Claustrofobia: miedo intenso a quedarse atrapado en un lugar cerrado y del que la persona piensa que no va a poder salir.

- Nictofobia: miedo a la noche y a la oscuridad.
- Acrofobia: miedo a las alturas.
- Zoofobia: miedo a los animales.
- Hematofobia: miedo a la sangre.
- Agorafobia: miedo o angustia ante los espacios abiertos.
- Astrofobia: miedo a las tormentas.
- Aerofobia: miedo a volar en aviones.

Si seguimos con la lista, nos tomaría demasiado tiempo poder mencionar todos los miedos que existen dentro del ser humano. Mejor dejemos que sea la Palabra de Dios quien se encargue de revelarlo.

Ahora bien, ¿será que el miedo tiene algún beneficio?

Tal vez su respuesta sea, obviamente, no.

Pues bien, adicionalmente a su respuesta, vamos a explicar el por qué no hay beneficio, y qué sucede en contraposición al miedo.

El miedo no tiene beneficio alguno, porque éste nos conduce a la confusión y nos paraliza; pero la confianza en el Señor engendra paz.

La confianza en Dios proporciona quietud al corazón y no nos deja alterar por el porvenir; pero el temor, es decir, el miedo, produce ansiedad e incertidumbre respecto al futuro.

Veamos dos antítesis tomadas de las Sagradas Escrituras:

"Lo que el impío teme, eso le vendrá; pero a los justos les será dado lo que desean" (Proverbios 10:24).

"Huye el impío sin que nadie lo persiga; mas el justo está confiado como un león" (Proverbios 28:1).

Nadie está exento de sufrir algún tipo de temor, pues de hecho al principio de la creación del mundo, después de que Adán y Eva pecaran, lo primero que respondió el hombre a Dios fue:

"Oí tu voz en el huerto y tuve miedo…" (Génesis 3:10).

Para contrarrestar el miedo, Dios ha dado a sus hijos herramientas poderosas; armas espirituales que operan a través del Espíritu Santo.

Por favor, lee atentamente el siguiente texto bíblico y descubre cuáles son esas armas dadas por Dios para vencer el miedo, las cuales son a su vez defensa y vigía de nuestra alma.

"Porque no nos ha dado Dios espíritu de cobardía, sino de poder, de amor y de dominio propio" (2 Timoteo 1:7).

Estimado lector, no dejes pasar esta oportunidad. Si te sientes atemorizado, si crees que no puedes vencer. Si lo has intentado todo y aún no has podido superar el miedo, hoy es el día en que tú puedes ser libre. **¡Ven al Señor!** Y juntos hagamos esta oración:

Señor dame tus armas para el miedo vencer,
Para vivir confiando en tu divina protección.
Sí, tú eres el único que me puede sostener,
Cuando atravieso por todo tipo de tentación.

Sé que tus armas poderosas las puedo recibir,
Solo a través Jesucristo mi Señor y Salvador.
Reconozco que separado de ti no puedo vivir,
Ven y alienta mi alma, te lo suplico por favor.

En ti Dios mío no seré confundida o avergonzada,
Por tanto, decido depositar en ti toda mi confianza.
Tu gracia sublime me imparte la paz tan anhelada,
Muchas gracias por darme amor poder y templanza.

Necesito caminar el sendero con seguridad,
Y solo apoyándome en ti obtengo fortaleza.
Es tu palabra el agua pura que me refresca,
Que calma mi sed y todo tipo de ansiedad.
No permitas que mi vida pierda la entereza,
Sé tú mi Roca fuerte donde poderme refugiar.

REFLEXIONA

¿Qué tipo de situaciones te producen temor y qué haces para vencerlo?

_____
_____
_____
_____
_____
_____
_____
_____

¿Cómo podrías obtener poder, amor y dominio propio?

_____
_____
_____
_____
_____
_____
_____

INTERACTUEMOS

CAPÍTULO 28

Capítulo XXIX
No morirás

"Y todo aquel que vive y cree en mí, no morirá
eternamente. ¿Crees esto?" (Juan 11:26).

Capítulo XXIX
No morirás

"Y todo aquel que vive y cree en mí, no morirá eternamente. ¿Crees esto?" (Juan 11:26).

Hoy nos encontramos con una promesa de vida eterna sustentada sobre la base de dos condicionamientos:

1. Creer en Jesucristo
2. Ahora que tenemos vida. Expresado de otra manera, ¡Ahora es el momento! ¡Ahora es la oportunidad!

El texto del encabezamiento inicia diciendo: *"todo aquel"*. Lo cual indica que la promesa de Dios es para todos y que Dios no hace acepción de personas. Porque su voluntad es que todos seamos salvos y vengamos al conocimiento de la verdad *(cf.* 1 Timoteo 2:3-4).

Ahora que tenemos vida es cuando tenemos la oportunidad de creer en Jesucristo el Hijo de Dios y confesar con nuestra boca que Él es nuestro salvador *(cf.* Romanos 10: 9-10).

Jesús promete que no moriremos eternamente; refiriéndose a la muerte que nos separa de Él, es decir, a la muerte eterna. Por otra parte, hay una muerte que todos debemos experimentar y es el deceso físico. Pero este tipo de muerte para los creyentes en Cristo es gran ganancia, ya que nos lleva a la presencia de Dios para siempre.

Jesús dijo en otra ocasión:

"El que cree en el Hijo tiene vida eterna; pero el que rehúsa creer en el Hijo no verá la vida, sino que la ira de Dios está sobre él" (Juan 3:36).

Bien sabe el Señor que todos nosotros necesitamos ser confrontados para hacernos conscientes de la importancia de la vida eterna, y para que nuestra mirada sea puesta en él. Por tal razón nos habla en muchas maneras. ¿No cree usted que Dios ya ha hablado suficiente?

Ayúdanos, Señor, a cuidar la salvación,

ese precioso regalo de vivir junto a ti.

Solamente contigo se es plenamente feliz,

Tú nos haces estar conscientes de tu amor.

No es mañana, es hoy que das vida eterna,

hoy lo haces porque me amas demasiado.

Tú sabes muy bien que, separada de tu lado,

es imposible ser plenamente feliz en la tierra.

Gracias, amado Padre, por haberme rescatado,

gracias por Jesucristo que por mí fue crucificado.

A ti que necesitas salvación y vida eterna,

a ti te está hablando Jesucristo el Salvador.

No permitas que tu valiosa alma se pierda,

ven hacia sus brazos y entrégale tu corazón.

REFLEXIONA

¿Qué debes hacer para obtener la vida eterna?

_____

_____

_____

_____

_____

_____

_____

_____

Cuando fallezcas, ¿Dónde pasarás la eternidad?

_____

_____

_____

_____

_____

_____

_____

_____

INTERACTUEMOS

CAPÍTULO 29

Capítulo XXX
El mayor ejemplo de humildad

"Cuando viene la soberbia, viene también la deshonra; Mas con los humildes está la sabiduría" (Proverbios 11:2).

Capítulo XXX
El mayor ejemplo de humildad

"Cuando viene la soberbia, viene también la deshonra; Mas con los humildes está la sabiduría" (Proverbios 11:2).

Wikipedia, la enciclopedia libre, dice que *"la humildad (cristianismo) es una virtud moral contraria a la soberbia, que posee el ser humano en reconocer sus habilidades, cualidades y capacidades, y aprovecharlas para obrar en bien de los demás, sin decirlo".*

El diccionario enciclopédico "Santel" la define como *"virtud consistente en el conocimiento de nuestra pequeñez y proceder en consecuencia. Sumisión, acatamiento".*

La Biblia, la Palabra de Dios, desde Génesis hasta Apocalipsis, aborda el tema de la humildad en todas sus dimensiones. En el libro de Proverbios, escrito por el rey Salomón, aprendemos bastante acerca de ella.

La Biblia registra que Salomón se consideró muy pequeño para gobernar a un pueblo muy grande, lo que revela un corazón humilde. Sin embargo, no hay mejor historia de humildad que la historia de Jesús.

La humildad bíblica no es despreciarnos ni tener una pobre opinión de nosotros mismos. No se trata de auto-afligirnos y decir "no soy nada, no valgo nada", porque Cristo murió por nosotros. ¡Por tanto, somos de gran valor!

La humildad a la que se refiere la Biblia es señal de madurez espiritual. Por causa de esa madurez, en ocasiones se decide ceder los "derechos" a otros para bien del Reino de Dios.

La humildad se refleja, por ejemplo, en la manera en que nos sometemos a las autoridades, tanto espirituales como terrenales. También se refleja en la manera en que resolvemos nuestras dificultades.

La humildad bíblica es lo opuesto a la soberbia, a la arrogancia, la jactancia, la obstinación... Las cuales son caras de un mismo pecado: el orgullo.

Veamos dos antítesis de la humildad:

"Mejor es humillar el espíritu con los humildes, que repartir despojos con los soberbios" (Proverbios 16:19).

"La soberbia del hombre le abate; Pero al humilde de espíritu sustenta la honra" (Proverbios 29:23).

Nosotros conocemos a través de las Sagradas escrituras, que la humildad fue lo que le permitió a Jesús ser exaltado por el Padre hasta lo sumo y recibir un Nombre que es sobre todo nombre *(cf.* Filipenses 2:5-11).

Cuando estudiamos acerca de la vida de Jesús, nos damos cuenta de que Él no se llamó a sí mismo Hijo de Dios, aunque sí lo era, sino que prefirió llamarse "el Hijo del Hombre" en señal de humildad.

Jesús no quiso recibir aplausos ni elogios de la gente. Por último, aceptó la cruz que no merecía llevar porque estaba dispuesto a hacer la voluntad del Padre *(cf.* Marcos 14:36).

Por su humildad, el Señor Jesús recibió la Gracia de Dios. (cf. Juan 1:14). Esta misma gracia es dada a todos los que le obedecen *(cf.* Santiago 4:6; Proverbios 3:34).

Tal como Jesús fue exaltado por el Padre Celestial a causa de su obediencia, nosotros también seremos exaltados si nos humillamos *(cf.* 1 Pedro 5:6).

Hay una orden dada por nuestro Señor Jesucristo que dice:

"Llevad mi yugo sobre vosotros, y aprended de mí, que soy manso y humilde de corazón; y hallaréis descanso para vuestras almas" (Mateo 11:29).

Por tal razón, la única manera en que podemos suministrarle descanso al alma es en humillación; lo cual significa hacer la Voluntad del Señor y no la nuestra, tal como Jesús lo hizo.

¿Hay otro mejor ejemplo que el de nuestro Señor Jesús?
¿Que aun cuando lo injuriaban y escupían no respondía?
Libremente entregó su vida y se dejó colgar en una cruz,
¡Oh, Cordero de Dios que por amor sufriste cruel agonía!

Viniste a la tierra por amor y en obediencia al Padre Celestial,
Aun siendo Dios no lo consideraste como algo para aferrarte.
Sino que, renunciando a tus privilegios y con toda humildad,
Adoptaste la posición de un esclavo de manera humillante.

Es el mayor ejemplo de humildad que existe en la historia,
Que ni Abraham, Moisés, David o Pablo lo pueden superar.
Jesús decidió venir en carne despojándose de su gloria,
A derramar su preciosa sangre por toda la humanidad.

REFEXIONA

¿Ya recibiste al Señor Jesucristo como tu Señor y Salvador?

_____
_____
_____
_____

Si aún no lo has hecho, dile ahora mismo con humildad: Señor Jesús, te recibo en mi corazón como mi único Señor y Salvador. Te pido perdón por todos mis pecados. Gracias por darme la vida eterna. Amén.

Jesús por amor entregó su vida en una cruz para perdón de nuestros pecados. ¿Qué tú estás dispuesto a hacer en respuesta al sacrificio hecho por ti?

_____
_____
_____
_____
_____
_____

INTERACTUEMOS

CAPÍTULO 30